beck'sche
reihe

b'sr'

Die Kultur der Kelten hatte sich in der Antike von den britischen Inseln über Mitteleuropa und Teile Südeuropas bis auf das Territorium der heutigen Türkei ausgebreitet, doch wurde sie im Laufe des Mittelalters und der Neuzeit verdrängt. In vielen Regionen ist die Sprache der Kelten mit ihrer Kultur untergegangen, aber zahlreiche Namen und Wörter leben bis in unsere Tage in verschiedenen europäischen Sprachen – so auch im Deutschen – fort. In der Einleitung des vorliegenden Lexikons werden Geschichte und Grundzüge der keltischen Sprache vorgestellt. Sodann bietet der Hauptteil des Bandes eine Übersicht über noch erhaltene und bekannte keltische Namen und Begriffe – wie zum Beispiel Avalon, Druide, Merlin, Slogan und Whiskey –, erläutert allgemeinverständlich ihre Bedeutung und nennt die Sprachen, in denen sie bis in die Gegenwart überdauert haben.

Der Autor, *Bernhard Maier*, ausgewiesener Kenner der keltischen Geschichte, Kultur und Religion, lehrt Vergleichende Religionswissenschaft an der Rheinischen Friedrich-Wilhelms Universität in Bonn. Im Verlag C. H. Beck sind folgende seiner Bücher lieferbar: *Die Kelten. Ihre Geschichte von den Anfängen bis zur Gegenwart* (^{2}2003); *Die Religion der Kelten. Götter – Mythen – Weltbild* (2001); *Die Religion der Germanen. Götter – Mythen – Weltbild* (2003).

Bernhard Maier

Kleines Lexikon der
Namen und Wörter
keltischen Ursprungs

Verlag C. H. Beck

Die graphischen Elemente zu
Beginn und am Ende eines
Buchstabens sind nach keltischen
Ornamentvorlagen gestaltet.

Originalausgabe

© Verlag C. H. Beck oHG, München 2003
Gesamtherstellung: Druckerei C. H. Beck, Nördlingen
Umschlagentwurf: + malsy, Bremen
Umschlagillustration: Weibliche Trägerfigur von der Totenliege
des Keltenfürsten von Hochdorf, Baden-Württemberg;
Abb.: Württembergisches Landesmuseum Stuttgart
(P. Frankenstein, H. Zwietasch)
Printed in Germany
ISBN 3 406 49470 6

www.beck.de

Inhalt

Vorwort
7

Einleitung
9

Lexikon
19

Literatur
126

Register
131

Vorwort

Seit einigen Jahrzehnten finden die Kelten als eines der ältesten namentlich bekannten Kulturvölker Europas steigende Aufmerksamkeit. Dabei stehen jedoch gerade im deutschsprachigen Raum zumeist archäologische Funde im Mittelpunkt des Interesses, während die keltische Sprache einem breiten Publikum immer noch relativ wenig bekannt ist. Im Hinblick darauf will das vorliegende Lexikon einem allgemein kulturgeschichtlich interessierten Leserkreis einen ersten Eindruck vom Weiterleben keltischen Sprachguts in den Sprachen Europas vermitteln. Es enthält zum einen moderne Wörter und Namen keltischer Herkunft, zum anderen die deutschen Entsprechungen all jener altkeltischen Wörter, die bis heute im Wort- und Namenschatz der europäischen Sprachen weiterleben und uns entweder unmittelbar aus Inschriften und Hinweisen griechischer und römischer Autoren bekannt sind oder aber mit einiger Sicherheit aus indogermanischen Parallelen und Fortsetzungen in den mittelalterlichen und neuzeitlichen inselkeltischen Sprachen (Irisch, Schottisch-Gälisch, Kymrisch und Bretonisch) erschlossen werden können. Hinzu kommen einige Artikel, die einzelne Bereiche des Wortschatzes und damit inhaltlich zusammengehörige Gruppen von Stichwörtern erschließen helfen.

Sämtliche im Buch erwähnten irischen, schottisch-gälischen, kymrischen und bretonischen Namen und Begriffe sind ebenso wie die tatsächlich bezeugten und hypothetisch rekonstruierten altkeltischen Wörter in einem Register der keltischen Wörter und Namen verzeichnet und dadurch leicht zu ermitteln. Zwei weitere Register enthalten lateinische und romanische sowie sonstige Wörter keltischer Herkunft, die im Hauptteil des Lexikons zwar besprochen werden, aber nicht mit einem eigenen Stichwort vertreten sind.

Die Entscheidung darüber, ob ein heute gebräuchliches Wort keltischen Ursprungs ist oder nicht, gestaltet sich häufig schwierig und ist oft nicht mit letzter Sicherheit zu treffen. Viele Fälle, die man ausführlich erörtern und letztlich doch mit einem oder mehreren Fragezeichen hätte versehen müssen, wurden in das vorliegende Lexikon nicht aufgenommen, um die relativ wenigen gesicherten und kulturgeschichtlich aussagekräftigen Beispiele nicht in einer Fülle zwar diskutabler, aber letztlich ungesicherter und oftmals nur für Fachwissenschaftler interessanter Belege untergehen zu lassen. Unberücksichtigt blieben auch zahlreiche antike Orts- und Personennamen, die zwar nach unserer Kenntnis von den Kelten gebraucht wurden, sich aber mit dem uns bekannten keltischen Wortgut entweder gar nicht oder nur mit einem hohen Unsicherheitsfaktor deuten lassen. Nahezu vollständig aufgenommen wurden allerdings die auf alte Stammesnamen zurückgehenden Namen der großen französischen Städte sowie die Namen der als Göttinnen verehrten großen Flüsse, auch wenn für die zugrundeliegenden keltischen Bezeichnungen nicht in jedem Fall eine einleuchtende Deutung vorliegt. Wer zusätzliche Belege und weitergehende Auskünfte sucht, mag die in der Bibliographie angeführte wissenschaftliche Literatur zu Rate ziehen, auf die auch im letzten Abschnitt der Einleitung und in den Artikeln immer wieder verwiesen wird.

Für kritische Hinweise und Ergänzungen danke ich den Herren Professoren Frank Heidermanns, Jürgen Untermann und Stefan Zimmer.

Einleitung

Das Keltische – eine indogermanische Sprache

Wie man in der ersten Häfte des 19. Jahrhunderts erkannte, bildet das Keltische den westlichsten Zweig der großen indogermanischen oder indoeuropäischen Sprachfamilie. Diese umfaßt – in ungefähr west-östlicher Richtung – unter anderem noch das Germanische (Vorstufe des Gotischen, der skandinavischen Sprachen sowie des Englischen und Deutschen), das Lateinische (Vorstufe der romanischen Sprachen Portugiesisch, Spanisch, Französisch, Italienisch und Rumänisch), das Slawische (Vorstufe etwa des Polnischen, Tschechischen, Serbokroatischen und Russischen), das Baltische (Vorstufe des Litauischen und Lettischen), das Thrakische, das Albanische, das Griechische, das Armenische, das Hethitische und andere altkleinasiatische Sprachen, das Iranische (Vorstufe etwa des Persischen und des Afghanischen), das Indische (Vorstufe unter anderem der klassischen Literatursprache Sanskrit und des modernen Hindi) sowie das Tocharische in Zentralasien.

Die Verwandtschaft der oben genannten Sprachen beruht auf weitgehenden Übereinstimmungen im Lautbestand, in der Formenbildung, in der Wortbildung, im Wortschatz und im Satzbau, die man als Folge ihrer Entstehung aus einer gemeinsamen indogermanischen Grundsprache ansieht. Wie man aus dem Vergleich der einzelnen romanischen Sprachen das – tatsächlich überlieferte – Lateinische rekonstruieren kann, so läßt sich aus dem Vergleich etwa des Gotischen, Altenglischen, Altsächsischen und Althochdeutschen das – nicht belegte – Germanische erschließen. Aus dem Vergleich der einzelnen – teils belegten, teils aus jüngeren Sprachstufen rekonstruierten –

indogermanischen Sprachzweige ergibt sich dann die indogermanische Grundsprache. Wörter und Wortbestandteile, die nicht bezeugt sind, sondern durch Sprachvergleich rekonstruiert wurden, sind im folgenden wie in der Vergleichenden Sprachwissenschaft üblich mit einem vorangesetzten Sternchen (*) versehen.

Von den anderen indogermanischen Sprachen unterscheidet sich das Keltische durch ein Bündel von Besonderheiten, die in dieser Kombination sonst nicht vorkommen. Dazu gehören unter anderem der Ersatz des indogermanischen Lauts g^w (ein mit Lippenrundung gesprochenes g) durch b (vgl. irisch *bean* «Frau» gegenüber griechisch *gýnē* und gotisch *qino*), der Übergang von langem $\bar{e}$ zu langem $\bar{\imath}$ (vgl. irisch *rí* «König» gegenüber lateinisch *rēx* oder irisch *fíor*, kymrisch *gwir* «wahr» gegenüber lateinisch *vērus*) sowie der Schwund des Lauts p im Anlaut und zwischen Vokalen (vgl. irisch *athair* «Vater» gegenüber lateinisch *pater*, griechisch *patēr* und deutsch *Vater*). Im übrigen stellt das Keltische jedoch keine über Zeit und Raum hinweg konstante einheitliche Größe dar, sondern zerfällt in mehrere deutlich voneinander unterschiedene Einzelsprachen.

Festlandkeltisch und Inselkeltisch

Üblicherweise gliedert man die keltischen Sprachen in einen festlandkeltischen und einen inselkeltischen Sprachzweig, wobei dieser Unterscheidung sowohl räumliche als auch zeitliche und überlieferungsgeschichtliche Kriterien zugrunde liegen. Kennen wir das – spätestens in der Völkerwanderungszeit ausgestorbene – Festlandkeltische nur durch relativ wenige antike Inschriften sowie Namen und Wörter in der griechisch-römischen Überlieferung, so beruht unser Wissen über das – seit dem frühen Mittelalter durch umfangreiche Literaturwerke bezeugte – Inselkeltische nicht zuletzt auf den heute noch lebenden keltischen Sprachen Irisch, Schottisch-Gälisch, Kymrisch (Walisisch) und Bretonisch.

Der festlandkeltische Sprachzweig umfaßt das im letzten Drittel des ersten Jahrtausends v. Chr. auf der Kastilischen Hochebene überlieferte Keltiberische, das von ca. 700 bis 400 v. Chr. im Gebiet der oberitalienischen Seen belegte Lepontische und das von ca. 300 v. Chr. bis 200 n. Chr. vor allem in Oberitalien, Frankreich, Belgien, der Schweiz und Teilen Deutschlands bezeugte Gallische. Das Galatische, die nur aus griechischer Überlieferung bekannte Sprache der zu Beginn des 3. Jahrhunderts v. Chr. in Kleinasien eingewanderten Kelten, ähnelte augenscheinlich stark dem Gallischen.

Den inselkeltischen Sprachzweig unterteilt man üblicherweise in zwei Gruppen, eine goidelische und eine britannische, bei denen ebenso wie bei den festlandkeltischen Sprachen eine unterschiedliche Entwicklung des indogermanischen Lauts k^w (ein mit Lippenrundung gesprochenes k) zu beobachten ist. Während die goidelischen Sprachen den Laut k^w zunächst bewahrten und später zu k (geschrieben c) vereinfachten, entwickelte sich in den britannischen Sprachen daraus ein p (vgl. lateinisch *quinque* «fünf» gegenüber irisch *cúig* und kymrisch *pump*). Zur goidelischen Sprachgruppe zählen das Irische, das in der Spätantike von Irland nach Schottland eingeführte Schottisch-Gälische und das vor wenigen Jahrzehnten ausgestorbene, von Irland auf die Insel Man verpflanzte Manx. Die britannische Sprachgruppe umfaßt das Kymrische, das in der Spätantike vom südlichen Britannien auf das Festland verpflanzte Bretonische, das im Mittelalter ausgestorbene Kumbrische in Cumberland und das im 18. Jahrhundert ausgestorbene Kornische in Cornwall. Zur britannischen Sprachgruppe gehörte vermutlich auch das im Mittelalter ausgestorbene Piktische in Schottland.

Lautlehre

Soweit es die im lateinischen und griechischen Alphabet sowie in einigen verwandten mediterranen Schriftsystemen abgefaßten Inschriften erkennen lassen, besaß das Festlandkeltische die folgenden bedeutungsunterscheidenden Laute.

Vokale: *a*, *e*, *i*, *o*, *u* (kurz) und *ā*, *ē*, *ī*, *ō*, *ū* (lang). Dabei ergibt sich die Länge oder Kürze eines Vokals im allgemeinen aus der sprachvergleichenden Betrachtung, da das lateinische Alphabet diese Unterscheidung überhaupt nicht und das griechische Alphabet nur teilweise zum Ausdruck bringt.

Halbvokale: *j* und *w* (wie in englisch *year* und *water*), geschrieben *i* und *u* (im lateinischen Alphabet) bzw. *i* und *ou* (im griechischen Alphabet).

Verschlußlaute: *p*, *t*, *k* (stimmlos) und *b*, *d*, *g* (stimmhaft). Als Variante des Verschlußlauts *k* erscheint je nach lautlicher Umgebung der Reibelaut *x* (wie *ch* in *Dach*).

Zischlaute: *s* und *ts*. Der Laut *ts* erscheint bei Verwendung des lateinischen Alphabets als ein durchgestrichenes *d* (Ð), in mit griechischen Buchstaben geschriebenen Inschriften als *th* (Θ).

Nasale und Liquide: *m*, *n*, *l* und *r*.

Formenlehre

Im Unterschied zu den weitaus meisten Sprachen der Welt handelt es sich bei den indogermanischen Sprachen, also auch beim Keltischen, um flektierende Sprachen, bei denen der Stamm des einzelnen Wortes je nach seiner Funktion im Satzganzen durch Änderung des Stammvokals und Anfügung von Endungen abgewandelt wird. Welche Formen die Wörter annehmen konnten, ist uns für das Festlandkeltische jedoch unzureichend bekannt, da nur wenige flektierte Formen überliefert sind und die von den Kelten verwendeten Alphabete relevante Unterschiede nicht immer mit der von uns gewünschten Deutlichkeit zum Ausdruck bringen. Gleichwohl haben neuere Inschriftenfunde gezeigt, daß der Formenschatz des Festlandkeltischen dem verwandter altindogermanischer Sprachen wie etwa dem Griechischen oder Lateinischen stark ähnelte. Dementsprechend unterscheidet man wie bei den klassischen Sprachen die Deklination als Formenlehre des Nomens (in erster Linie Substantive und Adjektive) von der Konjugation als Formenlehre des Verbs, wobei das keltische Nomen durch die Kategorien Genus (Geschlecht), Numerus (Zahl) und Kasus (Fall) gekennzeichnet ist.

Wie die indogermanische Grundsprache unterschied auch das Keltische beim Nomen drei Genera: Maskulinum (männlich), Femininum (weiblich) und Neutrum (sächlich). Diese Dreiteilung bewahrt auch das heutige Deutsch, wohingegen die noch lebenden inselkeltischen Sprachen sie zugunsten einer Zweiteilung (Maskulinum/Femininum) aufgegeben haben. Klar bezeugt sind für das Festlandkeltische zwei Numeri: Singular (Einzahl) und Plural (Mehrzahl). Vermutlich gab es außerdem wie in der indogermanischen Grundsprache und auch später noch im Altirischen einen Dual (Zweizahl), doch fehlen dafür Belege. Eindeutig und häufig bezeugt sind vier Kasus: Nominativ als Kasus des Subjekts, Akkusativ als Kasus des direkten Objekts, Dativ als Kasus des indirekten Objekts und Genitiv als Kasus des Bereichs oder der Zugehörigkeit. Vermutlich gab es außerdem noch wie in manchen anderen indogermanischen Sprachen einen Lokativ als Kasus der Stellung in Raum und Zeit, einen Instrumentalis bzw. Soziativ als Kasus der Begleitung und des Mittels sowie einen Ablativ als Kasus des Ausgangspunktes und des Abstands.

Sehr viel schlechter unterrichtet sind wir über die Konjugation des festlandkeltischen Verbs, da die uns erhaltenen Inschriften nur sehr wenige Verbalformen aufweisen, deren Deutung überdies häufig umstritten ist. Mehr oder weniger klar bezeugt ist die Unterscheidung zweier Numeri (Singular und Plural), dreier durch Personalendungen gekennzeichneter Personen (1., 2. und 3. Person, jeweils Singular und Plural), dreier Tempora (Präsens/Gegenwart, Präteritum/Vergangenheit und Futur/Zukunft) sowie von vier Modi (Aussageweisen): Indikativ als Modus der einfachen Aussage, Konjunktiv als Ausdruck des Wollens, Optativ als Ausdruck des Wunsches und Imperativ als Modus des Befehls.

Wortbildung

Die weitaus meisten Einträge des vorliegenden Lexikons beziehen sich auf Substantive, die in den indogermanischen Sprachen im allgemeinen drei Bestandteile aufweisen: eine bedeutungstragende Wurzel, ein stamm- und oft zugleich auch wortbildendes Suffix und eine Flexionsendung. Dabei unterscheidet man je nach dem Ausgang der aus Wurzel und Suffix geschaffenen Stämme verschiedene konsonantische und vokalische Stamm- oder Deklinationsklassen. Durch Sprachvergleich rekonstruierte Wörter erscheinen im allgemeinen in der Stammform, wobei man die fehlende Flexionsendung durch einen Bindestrich andeutet.

Sehr gebräuchlich war im Altkeltischen die Wortbildung durch Komposition, also durch die Zusammensetzung zweier selbständiger Wörter zu einer höheren Einheit, wobei das Vorderglied in der Stammform erscheint und nur das Hinterglied eine Flexionsendung erhält. Im allgemeinen unterscheidet man hier Determinativkomposita, bei denen das Hinterglied häufig einen Allgemeinbegriff darstellt und durch das Vorderglied näher bestimmt wird (deutsch *Haustür*, *Autoschlüssel*), und exozentrische Komposita, deren Glieder zusammengenommen einen außerhalb des Kompositums liegenden Begriff bezeichnen (deutsch *Rotkehlchen*, *Dummkopf*). Beachtung verdient dabei, daß diese beiden Typen von Komposita formal genau gleich gebaut sind und daß das Vorderglied sämtliche Funktionen vertreten kann, die ansonsten durch verschiedene Kasus oder Präpositionen ausgedrückt werden. In welchem Verhältnis die beiden Kompositionsglieder zueinander stehen und welche genaue Bedeutung sich daraus für das Kompositum ergibt, kann man daher – insbesondere bei den überaus häufigen zusammengesetzten Personennamen – auch bei Kenntnis der Bedeutung des Vorder- und Hinterglieds oft nicht sicher bestimmen.

Satzbau

Über den Satzbau des Altkeltischen geben die wenigen festlandkeltischen Inschriften nur unzureichend Auskunft. Klar erscheint jedoch, daß die im modernen Irischen, Schottisch-Gälischen und Kymrischen weithin übliche Stellung des Verbs am Satzanfang eine inselkeltische Neuerung darstellt, die für die festlandkeltischen Sprachen des Altertums nicht vorausgesetzt werden darf. Wie beim Griechischen und Lateinischen – und im Gegensatz etwa zum heutigen Englischen – war wohl auch beim Gallischen, Keltiberischen und Lepontischen die Wortstellung weitgehend frei, da die syntaktischen Bezüge durch die Endungen der Wörter hinreichend gekennzeichnet waren. Im übrigen ist auch damit zu rechnen, daß sich die Sprache der möglicherweise von griechischen oder lateinischen Vorbildern beeinflußten Inschriften von der gesprochenen Sprache in einem nur schwer abzuschätzenden Maß unterschied.

Um das bisher Gesagte zu veranschaulichen, sei im folgenden wenigstens eine der kürzeren festlandkeltischen Inschriften angeführt, übersetzt und erläutert. Dabei handelt es sich um eine siebenzeilige, mit den Großbuchstaben des griechischen Alphabets geschriebene gallische Weihinschrift, die 1840 in Vaison im Département Vaucluse gefunden wurde und heute im Musée Calvet in Avignon aufbewahrt wird (LAMBERT 1994:84f.). Sie lautet in lateinischer Transkription: *Segomaros/ Ouilloneos/tooutious/Namausatis/eiōrou Bēlē/sami sosin/nemēton*. Übersetzt bedeutet dies: «Segomaros, Sohn des Villū, Bürger von Nîmes, weihte (oder: stiftete) der Belisama dieses Heiligtum.» Klar erkennbar ist hier die Wortstellung Subjekt – Verb – indirektes Objekt – direktes Objekt. Dabei steht der Name des Stifters, *Segomaros* (o-Stamm), im Nominativ als dem Subjektskasus, gefolgt von dem Namen seines Vaters, *Villū* (n-Stamm), im Genitiv. In *tooutious* sieht man im allgemeinen eine Verschreibung für *tooutios* (o-stämmige Ableitung von dem ā-stämmigen Wort *toutā «Stamm, Bürgerschaft»), und in *Namausatis* eine Ableitung (mit dem auch anderweitig bezeugten, die Zugehörigkeit ausdrückenden Suffix *-ati-*) von dem Namen der Stadt Nîmes (lateinisch *Nemausus*). Etymologisch nicht sicher gedeutet ist das Verb, das in Kongruenz mit dem Subjekt in der 3. Person Singular steht, gefolgt vom Namen der Göttin Belisama im Dativ sowie dem Demonstrativpronomen *sosin* «dieses» und dem Substantiv *nemeton* (geschrieben: *nemēton*) «Heiligtum» im Akkusativ.

Hilfsmittel und Nachschlagewerke

Die zuvor gebotene, stark vereinfachte Übersicht über einige Grundzüge der Geschichte, der verwandtschaftlichen Beziehungen und des Baus der festlandkeltischen Sprachen beruht auf den Ergebnissen einer 150 jährigen keltologischen Forschung.

Am Anfang steht die erstmals 1853 erschienene *Grammatica Celtica* von Johann Kaspar Zeuß (1806–1856), die 1871 von dem Sprachwissenschaftler Hermann Ebel (1820–1875) bearbeitet und neu herausgegeben wurde. Sie behauptete über ein halbes Jahrhundert lang ihren Platz als maßgebliche Darstellung der altkeltischen Sprachen, ist heute jedoch nur noch von wissenschaftsgeschichtlichem Interesse. Bis heute nicht ersetzt ist demgegenüber ihre Nachfolgerin, die 1906–1913 in zwei Bänden erschienene *Vergleichende Grammatik der keltischen Sprachen* des dänischen Linguisten Holger Pedersen (1867–1953). Einen überarbeiteten einbändigen Abriß in englischer Sprache veröffentlichte Pedersen 1937 zusammen mit dem walisischen Keltologen Henry Lewis (1889–1968) unter dem Titel *A Concise Comparative Celtic Grammar*. Ebenfalls unersetzt, obschon in vielen Einzelheiten korrektur- und ergänzungsbedürftig, ist die alphabetische Zusammenstellung des in antiken Inschriften und Literaturwerken enthaltenen keltischen Sprachguts, die Alfred Holder (1840–1916) von 1891 bis 1913 unter dem Titel *Alt-celtischer Sprachschatz* herausgab. Die erste Gesamtdarstellung des Gallischen als der bis heute am besten bezeugten altkeltischen Sprache gab 1920 der Keltologe Georges Dottin (1863–1928) in seinem Buch *La langue gauloise*.

Was unsere Kenntnis der altkeltischen Sprachen gerade in den letzten fünf Jahrzehnten wesentlich verbesserte, waren zum einen zahlreiche Neufunde von Inschriften, zum anderen die Veröffentlichung kommentierter Inschriftensammlungen und sprachwissenschaftlich-philologischer Studien zu einzelnen Bereichen des altkeltischen Wortschatzes. Hervorgehoben seien hier die grundlegenden Darstellungen der festlandkeltischen und frühen inselkeltischen Personennamengebung durch SCHMIDT 1957, EVANS 1967 und UHLICH 1993, die Untersuchung keltisch-germanischer Wortgleichungen durch BIRKHAN 1970, die Studien zu den frühesten keltischen Orts- und Flurnamen durch RIVET u. SMITH 1979 sowie PARSONS u. SIMS-WILLIAMS 2000, mehrere Abhandlungen zur Lautgeschichte und Wortbildung von DE BERNARDO STEMPEL 1987 und 1999, SCHRIJVER 1995 und ZIMMER 2000 sowie die Sammlung der gallischen Inschriften *Recueil des inscriptions gauloises* (LEJEUNE 1985, LEJEUNE 1988, DUVAL u. PINAULT 1988,

BEAULIEU u. FISCHER 1998, LAMBERT 2002) und die Zusammenstellung der keltiberischen Inschriften mit Wörterbuch durch UNTERMANN 1997 und WODTKO 2000. Neben Handbüchern zum Bau und zur Geschichte der einzelnen keltischen Sprachen (MACAULAY 1992, BALL u. FIFE 1993, PRICE 2000) erschienen in den letzten Jahren zusammenfassende Darstellungen des Gallischen (LAMBERT 1994, DELAMARRE 2001), Galatischen (SCHMIDT 1994 und 2001, FREEMAN 2001) und Keltiberischen (VILLAR 1997, JORDÁN CÓLERA 1998) sowie ein umfangreicher Forschungsbericht mit Hinweisen auf weiterführende Spezialliteratur (MEID 1998–2002). Sehr wahrscheinlich werden neue Lesungen und Deutungen sowie Neufunde festlandkeltischer Inschriften auch in Zukunft unsere Kenntnis des Keltischen erweitern.

Lexikon

Ackerbau bildete zusammen mit der Viehzucht, dem Handwerk und dem Handel die wichtigste materielle Grundlage der keltischen Kultur. Das indogermanische Wort für «Acker» (woraus unter anderem lateinisch *ager*, griechisch *agrós* und gotisch *akrs*) findet man im Keltischen in den davon abgeleiteten Wörtern irisch *áirne* «Schlehe» und kymrisch *eirinen* «Pflaume» (vgl. gotisch *akran* «Frucht», englisch *acorn* «Eichel» und deutsch *Buchecker*). Auf eine gallische Ableitung **agran(i)o-* gehen provençalisch *agreno* und katalanisch *aranyo* «Pflaume» zurück (LAMBERT 1994:186, DELAMARRE 2001:31, GRZEGA 2001:53). Ein noch heute lebendiges keltisches Wort aus dem Bereich des Ackerbaus ist französisch *arpent* «Morgen» (als Feldmaß), das lateinisch in den Formen *arepennis* und *arependis* belegt ist. Dabei handelt es sich um eine Zusammensetzung aus den keltischen Wörtern **are* (→vor) und **penno-* (→Kopf), die auch in altirisch *airchinn* «Kopfende, Schmalseite eines Rechtecks» vorliegt (LAMBERT 1994:187, DELAMARRE 2001:46, GRZEGA 2001:66). Inselkeltische Fortsetzungen und indogermanische Parallelen ermöglichen ferner die Rekonstruktion der keltischen Wörter für «→Furche» und «→Pflug».

Albion als dichterische Bezeichnung Englands oder Großbritanniens geht zurück auf einen keltischen Namen Britanniens, der unter anderem bei Plinius dem Älteren (*Naturgeschichte* 4,102) belegt ist. Die ältere Forschung vermutete einen sprachgeschichtlichen Zusammenhang mit lateinisch *albus* «weiß» und deutete die Bezeichnung als eine Reaktion der vom Festland kommenden keltischen Einwanderer auf den Anblick der weißen Kreidefelsen an der Küste Südostenglands. Da ein entsprechendes keltisches Wort für «weiß» jedoch nicht belegt ist, verbindet man den Namen wohl besser mit keltisch *albio- «Welt, Land», das auch in dem zusammengesetzten Götter- und Personennamen *Albiorix* (→König) begegnet und im Mittelkymrischen in der Form *elfydd* bezeugt ist. Bis heute gebräuchlich sind irisch *Albain* und schottisch-gälisch *Alba* als Bezeichnungen Schottlands (SCHMIDT 1957:120, RIVET u. SMITH 1979:248, MEID 1991, DELAMARRE 2001:32f.).

Alse. Die Alse, ein mitteleuropäischer Hering, der zur Laichzeit aus dem Meer in die Flüsse wandert, erscheint bei dem spätantiken Dichter Ausonius (*Mosella* 127) unter dem ursprünglich keltischen Namen *alausa*. Die Bezeichnung gelangte über das Lateinische in verschiedene romanische Sprachen (französisch *alose*, italienisch und spanisch *alosa*) und aus dem Lateinischen ins Deutsche (LAMBERT 1994:186, DELAMARRE 2001:32).

alt. Ein keltisches Wort für «alt» war *seno- (woraus irisch *sean* und kymrisch *hen*, sprachverwandt mit lateinisch *senex* «Greis», *senatus* «Ältestenrat» und deutsch *Seneschall* «Altknecht»). Es begegnet unter anderem in den zusammengesetzten Personennamen *Senobena* (→Frau), *Senognatus* (→Zeugung), *Senorix* (→König) und *Senovirus* (→Mann), ferner im Namen des irischen Flusses Shannon (aus *Senos* «der Alte») sowie in dem Ortsnamen *Senomagus*, der das heutige St-Pierre-de-Senos als Vorläufer der später entstandenen Siedlung *Noviomagus*, der heutigen Stadt Nyons, bezeichnete (SCHMIDT 1957:266 f., RIVET u. SMITH 455 f., DELAMARRE 2001:229). Ein weiteres keltisches Wort für «alt» war *kotto-, das sich in bretonisch *coz* erhalten hat. Man vermutet es in dem Stammesnamen *Atecotti* und in dem Personennamen *Cottalus*, der vielleicht auf eine ältere Form *Kottotalos* zurückgeht (SCHMIDT 1957:184, EVANS 1967:186f., DELAMARRE 2001: 106).

Amiens, Hauptstadt des französischen Départements Somme und der Picardie, hat seinen Namen vom keltischen Stamm der *Ambiani*. Die ursprüngliche Bezeichnung der Stadt, deren wirtschaftliche Bedeutung auf ihrer Beherrschung der Handelswege nach Boulogne und weiter nach Britannien beruhte, war *Samarobriva*, eine Zusammensetzung aus dem Namen der Somme und einem keltischen Wort für «→Brücke».

Amt geht über mittelhochdeutsch *ambet*, *ammet* zurück auf althochdeutsch *ampaht*. Dabei handelt es sich um das Neutrum zu einer maskulinen Form *ampaht(i)*, der althochdeutschen Fortsetzung eines aus dem Keltischen entlehnten germanischen Wortes **ambahtja* «Gefolgsmann». Mit Angleichung des Wortanfangs an eine heimische Vorsilbe findet man dieses Lehnwort auch im Gotischen, wo *andbahts* soviel wie «Diener» bedeutet. Zugrunde liegt die keltische Bezeichnung **ambaktos* «→Gefolgsmann». Aus einer romanischen Form **ambaisa* «Auftrag» entstand provençalisch *ambaisada*, das als *ambassade* ins Französische und als *ambasciata* ins Italienische entlehnt wurde (LAMBERT 1994:186f.).

andere(r, s). Das keltische Wort für «andere(r, s)» lautete **allo-* und bedeutete gleichzeitig «zweite(r, s)». Man findet es unter anderem in dem Stammesnamen *Allobroges*, der mit einem Wort für «→Land» zusammengesetzt ist und soviel wie «Leute, die in fremden Gebieten siedeln» bedeutet haben dürfte. Im Gegensatz dazu steht der Stammesname *Nitiobroges*, der mit einem Wort für «→eigen» gebildet ist. Die etymologisch richtige Deutung des Namens *Allobroges* enthält bereits eine handschriftlich überlieferte erklärende Anmerkung zu einem Gedicht des römischen Dichters Juvenal (8,234): *Allobrogae Galli sunt, ideo autem dicti Allobrogae, quoniam brogae Galli agrum dicunt, alla autem aliod* («Die Allobroger sind Gallier und heißen deswegen so, weil im Gallischen *brogae* ‹Land› und *alla* ‹anderes› bedeutet»). Im Inselkeltischen begegnet *allo-* noch in kymrisch *allfro* «Fremder, Ausländer» sowie in altirisch *allmuir* (neuirisch *allúrach*) «Ausländer». Letzteres bedeutete ursprünglich «von der anderen Seite des Meeres». Der Singular *Allobrox* begegnet in lateinischen Inschriften der römischen Kaiserzeit als keltischer Personen- und Göttername. Eine germanische Entsprechung dazu bildet die Bezeichnung *aljamarkiR* «aus einem anderen Land», die in einer Runeninschrift aus Westnorwegen belegt ist (SCHMIDT 1957:121f., EVANS 1967:132–134, DELAMARRE 2001:34).

Angers, einst Mittelpunkt der Grafschaft und späteren Provinz Anjou, heute Hauptstadt des französischen Départements Maine-et-Loire, hat seinen Namen vom keltischen Stamm der *Andecavi*. Der ursprüngliche Name der Stadt war *Iuliomagus*, eine Zusammensetzung aus dem lateinischen Namen *Iulius* und einem keltischen Wort für «→Ebene».

Apfel. Den Apfel kannten Kelten wie auch Germanen nur in seiner wilden und noch nicht in der veredelten Form. Er wird in den germanischen und keltischen Sprachen mit Bezeichnungen benannt, die eine gemeinsame nordwesteuropäische Grundlage vermuten lassen. Altkeltisch **aballā* «Apfel» (woraus irisch *úll* und kymrisch *afall*) begegnet in mehreren gallorömischen Ortsnamen, ferner in dem als *Endlichers Glossar* bekannten Verzeichnis gallischer Wörter mit lateinischen Entsprechungen aus dem späten 8. Jahrhundert. Eine Ableitung von der keltischen Bezeichnung des Apfels ist der aus der Artus-Literatur bekannte Name →Avalon (RIVET u. SMITH 1979: 238, DELAMARRE 2001:25).

Ardennen. Die bewaldeten Höhen, die sich von der Maas über die Mosel bis zum Rhein hinziehen, trugen in der Antike den Namen *Arduinna*, den man von einem keltischen Wort für «hoch» ableiten kann (vgl. irisch *ard* «hoch» und kymrisch *ardd* «hoch; Anhöhe»). Die Verehrung einer gleichnamigen Göttin bezeugen zwei lateinische Weihinschriften, von denen die eine in der Nähe von Düren und die andere von einem gallischen Soldaten der kaiserlichen Garde in Rom gestiftet wurde (MAIER 1994:23, DELAMARRE 2001:45).

Ardin, Name einer Stadt im französischen Département Deux-Sèvres, geht zurück auf keltisch *Aredūnum, eine Zusammensetzung aus zwei Wörtern für «→vor» und «→Festung». Den gleichen Ursprung haben vermutlich die Namen der Städte Ardon im Département Loiret und Arzon im Département Morbihan.

Argenteuil, Name zweier Städte in den französischen Départements Seine-et-Oise und Yonne, geht vermutlich zurück auf keltisch **Argantoialo-*, eine Zusammensetzung aus zwei Wörtern für «→Silber» und «→Lichtung».

Argenton-sur-Creuse im französischen Département Indre erscheint in antiken Quellen unter dem Namen *Argantomagus*, einer Zusammensetzung aus zwei keltischen Wörtern für «→Silber» und «→Ebene». Den gleichen Namen trug vermutlich auch der heutige Ort Argentan bei Gembloux.

Arles im französischen Département Bouches-du-Rhône, seit der Mitte des 3. Jahrhunderts Bischofssitz und im 4. Jahrhundert kaiserliche Residenz, erscheint in antiken Texten unter dem Namen *Arelate*. Man deutet ihn als eine Zusammensetzung aus der Vorsilbe *are* «→vor» und einem keltischen Wort für «Sumpf». Den gleichen Namen trug vermutlich auch der heutige Ort Arlet im Département Haute-Loire (DELAMARRE 2001:166).

Arras, im Mittelalter ein bedeutendes Zentrum des Tuchgewerbes und -handels, heute Hauptstadt des französischen Départements Pas-de-Calais, heißt ebenso wie die umliegende Landschaft Artois nach dem keltischen Stamm der *Atrebates*, deren Namen man als «Anwohner» (*ad-treb-ates) deutet (vgl. altirisch *treb* «Bauernhof, Gut» und kymrisch *tref* «Dorf»). Ursprünglich hieß die Stadt *Nemetacum* (vgl. →Heiligtum).

Asterix, Titelheld der 1959 von René Goscinny und Albert Uderzo entworfenen Comic-Serie über die Abenteuer eines gallischen Dorfes im Kleinkrieg gegen die Legionen Caesars, verdankt seinen Namen einer Angleichung des französischen Wortes *astérisque* «Sternchen» an die aus der Antike zahlreich belegten keltischen Namen auf *-rix* (→König). Einen vergleichbaren Ursprung haben die Namen seines Freundes Obelix (*obélisque*), des Schoßhündchens Idéfix (*idée fixe*), des Stammeshäuptlings Abraracourcix (*à bras raccourcis*: aus Leibeskräften), des Barden Assurancetourix (*assurance tous risques*: Vollkaskoversicherung) und des Druiden Panoramix (*panoramique*: mit schöner Aussicht). Außer den besonders häufigen Namen auf *-rix* dienten dabei wohl auch die auf *-vix* (→Kämpfen) als Vorbild.

Auerochse. Der fast zwei Meter hohe, 1627 ausgestorbene Auerochse (*Bos primigenius*) hieß althochdeutsch *ūr*, altenglisch *ūr* und altisländisch *ūrr*. Unter Rückgriff auf diese Formen bildete man im späten 18. Jahrhundert die deutsche Bezeichnung *Ur*. Die lateinische Bezeichnung *urus* deutete der spätantike Altertumsforscher und Philosoph Macrobius als keltisches Lehnwort (*Saturnalia* 6,4,23), doch könnte das Wort ursprünglich auch aus dem Germanischen stammen. Inschriftlich findet man es in den zusammengesetzten gallischen Personennamen *Urogenus* und *Urogenonertus*, die mit den Wörtern für «→Zeugung» und «→Kraft» zusammengesetzt sind. Die wohl von osteuropäischen Reiternomaden übernommene Sitte, in Silber gefaßte Hörner von Auerochsen bei Gelagen als Trinkgefäße zu benutzen, wird bei Caesar (*Der Gallische Krieg* 6,28,6) ausdrücklich den Germanen zugeschrieben. Archäologisch ist sie aber auch für die Kelten – etwa durch die Funde aus dem Grab von Hochdorf – mehrfach bezeugt. Die mittellateinische Bezeichnung des Auerochsen als *bubalus* (ursprünglich «Gazelle», dann «Büffel») begegnet im Mittelkymrischen in der Form *bual* als Bezeichnung sowohl eines Trinkhorns als auch eines vornehmen Herrn oder Fürsten (SCHMIDT 1957:283, MAC CANA 1993, DELAMARRE 2001: 276).

Auge. Ein keltisches Wort für «Auge» war **derko-*. Es begegnet zum einen in zusammengesetzten Personennamen wie *Condercus*, *Dercinus*, *Dercillus* und *Indercus*, zum anderen in dem Ausdruck *in mon derco* «in mein(em) Auge», der als wörtliches Zitat eines nur teilweise verständlichen gallischen Zauberspruchs bei dem spätantiken medizinischen Schriftsteller Marcellus von Bordeaux belegt ist. Die altirische Fortsetzung dieses Wortes lautete *derc*, doch ist es in den inselkeltischen Sprachen nicht bis in die Gegenwart erhalten geblieben, sondern im modernen Irischen durch *súil* und im Kymrischen durch *llygad* ersetzt worden (EVANS 1967:344, DELAMARRE 2001:116). Möglicherweise bedeutete **derko-* ursprünglich «Blick», so etwa in dem Ortsnamen *Condercum* («Rundblick»), der das auf einer Anhöhe mit guter Fernsicht gelegene römische Kastell von Benwell in Northumberland bezeichnete (RIVET u. SMITH 1979:316). Auf eine Zusammensetzung aus zwei Wörtern für «→krumm» und «Auge» geht altirisch *cammderc* «schielend» zurück. Als ein weiteres keltisches

Wort für «Auge» rekonstruiert man *ops. Die Grundlage dafür bilden in erster Linie die beiden Wörter *exsops pissiumi* in einer gallischen Inschrift aus Chamalières, die man mit «als Blinder werde ich sehen» übersetzt. Diese Deutung beruht vor allem darauf, daß die Vorsilbe **eks* (eigentlich «aus ... heraus») in dem zusammengesetzten Personennamen *Exobnus* eine ähnliche Funktion erfüllt (vgl. →Furcht) und daß die Zusammensetzung **eksops* «blind» (eigentlich «augenlos») in anderen indogermanischen Sprachen wie dem Altindischen und Griechischen Parallelen findet. Französisch *aveugle* «blind» (aus lateinisch *aboculus*) könnte im Hinblick auf seine Bildung eine Lehnübersetzung des gallischen Wortes darstellen (LAMBERT 1994:157f., DELAMARRE 2001:143f.).

Autun im französischen Département Saône-et-Loire, nach der Romanisierung Galliens Hauptstadt des keltischen Stammes der Haeduer und seit dem frühen 4. Jahrhundert Bischofssitz mit einer im 12. Jahrhundert erbauten bedeutenden romanischen Kathedrale, trug ursprünglich den Namen *Augustodunum*. Dabei handelt es sich um eine Zusammensetzung aus dem Namen des römischen Kaisers Augustus, der die Stadt gründete, und einem keltischen Wort für «→Festung». Die gleiche galloömische Bezeichnung lebt fort im Namen der Stadt Authon im Département Eure-et-Loir, der im 12. Jahrhundert in der Schreibung *Augustunnum* belegt ist.

Auxerre, Name der Hauptstadt des französischen Départements Yonne, geht zurück auf die galloömische Bezeichnung *Autessiodurum*, eine Zusammensetzung aus dem mutmaßlichen Personennamen *Autessius* und einem keltischen Wort für «→Festung».

Avalon als Name einer mythischen Insel stellt eine Ableitung vom keltischen Wort für «→Apfel» dar. Die im Deutschen,

Englischen und Französischen übliche Form des Namens beruht auf dem lateinischen Namen *Insula Avallonis* (die Insel Avalon), mit dem im 12. Jahrhundert Geoffrey of Monmouth in seiner *Geschichte der Könige Britanniens* die Insel bezeichnete, auf die König Arthur/Artus nach der tödlichen Verwundung im Kampf gegen seinen verräterischen Neffen entrückt wurde. Seit dem späten 12. Jahrhundert identifizierte man Avalon mit der Benediktinerabtei Glastonbury in Somerset und vermutete dort das Grab des legendären Königs. Die ursprüngliche Bedeutung des Namens spiegelt sich in Geoffreys Bezeichnung der Insel als *Insula Pomorum* (Insel der Apfelbäume). In den kymrischen Bearbeitungen der *Historia Regum Britanniae* erscheint die *Insula Avallonis* unter dem Namen *Ynys Afallach*, was an den Namen *Emain Ablach* als Bezeichnung einer paradiesischen Insel jenseits des Meeres in der altirischen Erzählung von «Brans wundersamer Seefahrt» (*Immram Brain*) erinnert. Sehr wahrscheinlich sind hier Vorstellungen aus der vorchristlichen keltischen Mythologie mit der christlichen und vielleicht auch antiken Symbolik des Apfels verschmolzen worden (Rivet u. Smith 1979:238, Maier 1994:5 f., 33, 110).

Avon, Name mehrerer Flüsse in England und Schottland und hierzulande vor allem bekannt durch Shakespeares Geburtsort Stratford-upon-Avon, geht zurück auf das britannische Wort *abonā «→Fluß». Das Wort lebt bis heute fort in kymrisch *afon* und ist verwandt mit irisch *abhainn* (Rivet u. Smith 1979:239, Delamarre 2001:25 f.).

Avreuil, Name einer Stadt im französischen Département Aube, geht vermutlich zurück auf **Eburoialo-*, eine Zusammensetzung aus zwei Wörtern für «→Eibe» und «→Lichtung». Den gleichen Ursprung hat vermutlich der Name der Stadt Ébreuil im Département Allier.

Avrolles, Name einer Stadt im französischen Département Yonne, geht zurück auf *Eburobriga*, eine Zusammensetzung aus zwei Wörtern für «→Eibe» und «→Festung».

Bär. Das indogermanische Wort für «Bär» (woraus unter anderem griechisch *árktos* und lateinisch *ursus*) ergab keltisch *arto- und wurde vermutlich aus dem Gallischen in der Form *hartz* ins Baskische entlehnt. Im Festlandkeltischen findet man das Wort in den Personennamen *Artos* und *Artiknos* sowie in den Ortsnamen *Artona (jetzt Artonne im Département Pas-de-Calais), *Artobriga* und *Artodunum (jetzt Artun im Département Loire). Es erscheint ferner in den Namen der Göttinnen *Andarta* und *Artio*, wobei letztere in einer figürlichen Darstellung aus Muri bei Bern als thronende weibliche Gestalt neben einem Bären abgebildet ist (SCHMIDT 1957:135, MAIER 1999b, DELAMARRE 2001:48). Auf altkeltisch *arto- gehen kymrisch *arth* und irisch *art* zurück, die beide nicht mehr nur das Tier, sondern auch im metaphorischen Sinn den Fürsten oder Krieger bezeichnen konnten. Mehrfach begegnet das Wort in zusammengesetzten inselkeltischen Personennamen wie altirisch *Artbran* (→Rabe) und *Artgen* (→Zeugung) sowie in den mit Wörtern für «→König» und «→Fürst» zusammengesetzten Namen altirisch *Artrí* und altkymrisch *Arthmael* (UHLICH 1993:166–168). Neben *arto- begegnet schon in der Antike die Bezeichnung *matu-, die unter anderem in dem Götternamen *Matunus* und in den Personennamen *Matumaros* (→groß), *Matugenus* (→Zeugung) und wohl auch *Teutomatus* (→Volk) belegt ist. Möglicherweise handelt es sich dabei um eine Tabubezeichnung (zu keltisch *mati- «gut», woraus altirisch *maith* und kymrisch *mad*), wie ja auch in den germanischen Sprachen die alte Bezeichnung des als gefährlich erachteten Bären durch Umschreibungen wie «Brauner» (althochdeutsch *bero*) und «Bienenwolf» (altenglisch *Beowulf*) ersetzt wurde (SCHMIDT 1957:239, EVANS 1967:117f. und 228–232, RIVET u. SMITH 1979:414, UHLICH 1993:276f., DELAMARRE 2001:187).

Barde als eine Bezeichnung des Dichters geht über französisch *barde* zurück auf lateinisch *bardus*, das seinerseits keltisch *bardos wiedergibt. Bei griechischen Autoren begegnet der Plural *bardoi*. Das Wort lebt fort in irisch *bard* und kymrisch *bardd* «Dichter». Ursprünglich bezeichnete es den, «der die Stimme erhebt», bezog sich also auf den mündlichen Vortrag der Dichtung. Dies steht im Einklang mit einer Bemerkung des römischen Grammatikers Festus, das Wort bezeichne im Gallischen den Sänger, der das Lob tapferer Männer singe (*Bardus Gallice cantor appellatur, qui virorum fortium laudes canit*). Ganz ähnlich deutet es der griechische Lexikograph Hesychios von Alexandria als keltische Bezeichnung des Sängers (*Bardoí aoidoì parà Galátais*). In mehreren lateinischen Inschriften begegnet *Bardus* als Personenname, was wohl auch für den zusammengesetzten Ortsnamen *Bardomagus* als antike Bezeichnung eines Dorfs bei Mailand anzunehmen ist. Darüber hinaus begegnet bei dem lateinischen Dichter Martial der Ausdruck *bardocucullus* (→Mantel). Ein sprachgeschichtlicher Zusammenhang mit der – etymologisch ungedeuteten – römischen Bezeichnung des Schlachtgesangs der Germanen als *barditus* oder *barritus* (Tacitus, *Germania* 3,1) ist nicht erweislich, wurde aber namentlich im 18. und frühen 19. Jahrhundert vielfach vermutet, weshalb das Wort «Barde» etwa bei Klopstock oder Kleist abweichend vom antiken Sprachgebrauch auch den frühen germanischen Dichter bezeichnen kann (DELAMARRE 2001:57f.).

Barett geht zurück auf eine ältere Form *biret(e)*, *barete*, womit man im 15. Jahrhundert die schirmlosen Kopfbedeckungen von Geistlichen und anderen Würdenträgern bezeichnete. Zugrunde liegt mittellateinisch *birrētum*, eine Verkleinerungsform des Wortes *birrus*, das in der Antike einen kurzen, groben →Mantel mit Kapuze bezeichnete. (Einen vergleichbaren Bedeutungswandel vom Umhang zur Kopfbedeckung zeigt deutsch *Kappe* aus mittellateinisch *cappa* «Mantel mit Kapuze».) Wie altirisch *berr* und kymrisch *byr* «kurz» zeigen, handelt es sich dabei um ein Lehnwort aus dem Keltischen (LAMBERT 1994:188, DELAMARRE 2001:65).

Baum. Ein keltisches Wort für «Baum» war **widu-* (woraus irisch *fid* und kymrisch *gwydd*, sprachverwandt mit altnordisch *viðr* «Wald, Holz, Baum»). Es begegnet in dem Stammesnamen *Viducasses* sowie in dem gallo-lateinischen Wort *vidubium* (eigentlich «Baumschneider»), das eine Art Hippe bezeichnete und in französisch *vouge* weiterlebt. Ihm entsprechen etymologisch irisch *fidba* und kymrisch *gwddif* «Hippe» (SCHMIDT 1957:295, LAMBERT 1994:200, DELAMARRE 2001: 268f.). Ein weiteres keltisches Wort für «Baum», **prenno-*, erschließt man aus dem Eintrag *prenne* ‹*arborem grandem*› in dem als *Endlichers Glossar* bekannten frühmittelalterlichen Verzeichnis gallischer Wörter mit lateinischen Entsprechungen, ferner aus den inselkeltischen Entsprechungen irisch *crann* und kymrisch *pren* (DELAMARRE 2001:213). Ein drittes keltisches Wort für «Baum» war möglicherweise **bilio-*, auf das irisch *bile* «(großer) Baum», der Ortsname *Billiomagus* (Billom im Département Puy-de-Dôme) und französisch *bille* «Baumstamm» zurückgehen könnten (LAMBERT 1994:189, DELAMARRE 2001:64f., GRZEGA 2001:86f.). Belegt oder durch Sprachvergleich zu rekonstruieren sind die keltischen Namen der →Buche, →Eibe, →Eiche, →Erle und →Ulme.

Bavay im französischen Département Nord trug in der Antike den Namen *Bagacum*, den man als Ableitung von einem keltischen Wort für «→Buche» interpretiert.

Bayeux im französischen Département Calvados hat seinen Namen von jenem keltischen Stamm, der in lateinischen Quellen unter dem Namen *Bodiocasses* oder – später – *Baiocasses* erscheint. Der ursprüngliche Name der Stadt war *Augustodurum*, eine Zusammensetzung aus dem Namen des Kaisers Augustus und einem keltischen Wort für «→Festung».

Beauvais, Hauptstadt des französischen Départements Oise, hat seinen Namen vom keltischen Stamm der *Bellovaci*. Der ursprüngliche Name der Stadt war *Caesaromagus*, eine Zusammensetzung aus dem lateinischen Namen *Caesar* und einem keltischen Wort für «→Ebene».

Belgien geht über die lateinische Bezeichnung *Belgium* zurück auf den Namen des Volks der *Belgae*, wie Iulius Caesar (*Der Gallische Krieg* 1,1,1–2) die Bewohner des ersten Drittels von Gallien nördlich der →Seine und der →Marne bezeichnet. Man deutet den Namen als Ableitung von einer Wurzel mit der Bedeutung «schwellen» und vermutet darin eine Selbstbezeichnung, vielleicht mit der Bedeutung «die (Stolz-)Geschwellten» (RIVET u. SMITH 1979:267). Sprachverwandt sind die keltischen Personennamen *Belgius* und *Bolgios* sowie das deutsche Fremdwort →Budget.

Berg. Einen Berg, insbesondere den Gipfel oder die Spitze eines Berges, bezeichneten die Kelten als **bannā* oder **bennā* (woraus altirisch *benn* und kymrisch *ban*, anglisiert in Namen wie *Ben Nevis*). Man vermutet das Wort in zahlreichen Ortsnamen wie **Cantobenna* (heute Chantoin im französischen Département Puy-de-Dôme) und *Bannobriga* (heute Bañobre in der spanischen Provinz Coruña). Über das Lateinische gelangte es in verschiedene romanische Sprachen, darunter altprovençalisch *ban* und katalanisch *banya* «Horn» (RIVET u. SMITH 1979:262, LAMBERT 1994:188, DELAMARRE 2001:57, GRZEGA 2001:74).

Biber. Den Biber nannten die Kelten nach der Farbe seines Pelzes *bebros oder *bibros (vgl. altindisch *babhrú-* mit den beiden Bedeutungen «braun» und «Ichneumon»). Die Bezeichnung begegnet in mehreren Ortsnamen wie *Bibracte* (Mont Beuvray) und *Bibrax* (Vieux-Laon), in modernen französischen Flußnamen wie *Bièvre* (aus *Bebrā) und Brevenne (aus *Bebronā) sowie in dem Namen *Bibroci*, der Bezeichnung eines keltischen Stammes im südöstlichen Britannien. Das Wort fand auch Eingang ins Lateinische, wo es das alte Erbwort *fiber* weitgehend verdrängte und altfranzösisch *bièvre*, altspanisch *befre* und italienisch *bevero* ergab (RIVET u. SMITH 1979:268, LAMBERT 1994:188, DELAMARRE 2001:59f., GRZEGA 2001:79).

Bier. Ein keltisches Wort für «Bier» war **kurmi-*. Es begegnet in der Schreibung CVRMI in einer gallorömischen Inschrift aus der Nähe von Autun sowie in der griechischen Schreibung *kourmi* als gallisches Fremdwort in einem Werk des medizinischen Schriftstellers Dioskurides von Anazarba. Darüber hinaus findet man es in dem zusammengesetzten Personennamen *Curmisagius*, der seinen Träger vermutlich als Freund des Gerstensafts kennzeichnen sollte (vgl. den gallischen Personennamen *Deprosagilos* «der auf →Essen aus ist» und altirisch *saigid* «sucht, ist aus auf»). Das Wort begegnet im Altirischen in der Form *cuirm* und lebt bis heute fort in kymrisch *cwrw*. Der griechische Historiker und Universalgelehrte Poseidonios (zitiert bei Athenaios von Naukratis 4,36) gibt den keltischen Namen des Biers als *kórma* wieder und vermerkt, es sei im Gegensatz zum Wein das Getränk der weniger Begüterten, das man gelegentlich auch mit Honig versetze. Ein weiteres keltisches Wort für «Bier» war *kervēsiā oder *kervīsiā, das zwar keine inselkeltischen Entsprechungen hat, aber im Altfranzösischen in der Form *cervoise* bezeugt ist und bis heute in spanisch *cerveza* weiterlebt. Da *kervēsiā auf eine ältere Form *kermēsiā zurückgehen könnte, handelt es sich dabei vielleicht um eine Ableitung des oben genannten Wortes *kurmi- (EVANS 1967:80f. und 251, LAMBERT 1994:33, 123 und 191, DELAMARRE 2001:111).

Bilsenkraut. Das Bilsenkraut, eine der ältesten Gift- und Heilpflanzen, bezeichneten die Kelten einer Bemerkung des griechischen medizinischen Schriftstellers Dioskurides zufolge mit dem Wort *belenuntia*. Mit einer keltischen Bezeichnung des Bilsenkrauts identisch ist vielleicht auch der Name des Gottes *Belenus*, der den lateinischen Weihinschriften und dem Zeugnis der antiken Autoren zufolge vor allem in Oberitalien verehrt wurde (MAIER 1994:40f.). Für diese Deutung sprechen die Gleichsetzung des keltischen Gottes mit dem griechisch-römischen Heilgott Apollo sowie die lateinische Bezeichnung des Bilsenkrauts als «Apollo-Kraut» (*apollinaris herba*), aber auch die Existenz eines Wortes *belenio-, das in spanisch *beleño* und portugiesisch *velenho* «Bilsenkraut» weiterlebt. Zusätzliche Plausibilität gewinnt diese Deutung durch die zusammengesetzten Personennamen *Kuno-belinos (kymrisch *Cynfelyn*) und *Lugu-belinos (kymrisch *Llywelyn*), bei denen das Vorderglied eine jeweils unterschiedliche Metapher für den →Krieger und das Hinterglied die Bezeichnung des Bilsenkrauts als Mittel zur Steigerung der Kampfeswut enthalten könnte (SCHRIJVER 1999, DELAMARRE 2001:61, MAIER 2002).

Birke. Ein keltisches Wort für «Birke» war *betu-. Man findet es noch heute im Kymrischen in der form *bedwen* (Plural *bedw*) und im Irischen in der Form *beith*. Eine Ableitung davon ist mittellateinisch *betula*, das unter anderem in italienisch *betula* und französisch *bouleau* «Birke» weiterlebt (LAMBERT 1994:189, DELAMARRE 2001:63 f.). Als Grundlage der französischen Ortsnamen Belloy, Boulay, Boulaye und Boullay vermutet man eine gallorömische Bezeichnung *betullētum («Ort, an dem Birken wachsen»). Vgl. →Bitumen.

Bitumen, das lateinische Wort für «Pech», ist vermutlich von einem keltischen Wort für «→Birke» abgeleitet. Wie Plinius der Ältere in seiner *Naturgeschichte* (16,74–75) schreibt, gewannen die Gallier nämlich Pech aus dem Harz junger Birken. Von dieser ursprünglichen Bedeutung abgeleitet ist die heutige Verwendung des Wortes zur Bezeichnung des Asphalts (LAMBERT 1994:189, DELAMARRE 2001:63 f.).

Blume. Ein keltisches Wort für «Blume» war **blāto-* (woraus irisch *bláth* und kymrisch *blawd*, sprachverwandt mit lateinisch *flos* und deutsch *Blume*). Seit dem 7. Jahrhundert bezeugt ist der Ortsname *Blatomagus* (→Ebene) als Bezeichnung des heutigen Ortes Blond im französischen Département Haute-Vienne. Von **blāto-* in der Schreibweise und Aussprache nicht unterschieden, aber von einer anderen indogermanischen Wurzel abgeleitet, ist das keltische Wort für «Mehl» (vgl. niederländisch *bloem* «Mehl»), so daß Ortsnamen wie der oben angeführte vielfach nicht sicher gedeutet werden können (DELAMARRE 2001:67).

Böhmen, lateinisch *Boiohaemum*, ist zusammengesetzt aus einem germanischen Wort für «Siedlung» (deutsch *Heim*) und dem Namen des keltischen Volks der Boier (latinisiert *Boi* und *Boii*, gräzisiert *Boioi*). Diese waren ursprünglich aus Gallien in die Po-Ebene eingewandert, hatten sich aber nach ihrer endgültigen Niederlage gegen die Römer in der Schlacht bei Mutina 193 v. Chr. über die Alpen nach Böhmen zurückgezogen. Der Name begegnet auch im keltischen Singular *Boios* in einer Inschrift aus dem Oppidum von Manching sowie in der latinisierten Form *Boius* in mehreren lateinischen Inschriften. Antike Autoren wie Livius und Plutarch erwähnen ferner den aus der Stammesbezeichnung und einem keltischen Wort für «→König» zusammengesetzten Personennamen *Boiorix*. Der mit einem Wort für «→Festung» zusammengesetzte Ortsname *Boiodurum* bezeichnete in der Antike die Innstadt von Passau und lebt fort in den heutigen Namen Beider-Bach und Beider-Wies. Zur Erklärung des Boier-Namens wurden verschiedene Etymologien vorgeschlagen, darunter die Ableitung von einer Wurzel mit der Bedeutung «schlagen», so daß man eine Bedeutung «Schläger» im Sinne von «Krieger» annehmen könnte (DELAMARRE 2001:70).

Bohrer. Ein keltisches Wort für «Bohrer» war **taratro-* (woraus irisch *tarathar* und kymrisch *taradr*). Es wurde in der Form *taratrum* ins Lateinische entlehnt und gelangte von dort in mehrere romanische Sprachen (französisch *tarière*, spanisch *taladro*). Sprachverwandt ist das griechische Wort *téretron*, in dem man ebenfalls das für indogermanische Werkzeugbezeichnungen charakteristische Wortbildungselement *-tro-* erkennen kann (LAMBERT 1994:199, DELAMARRE 2001:245 f.).

Bologna begegnet in antiken Quellen unter dem Namen *Bononia* als Hauptort des keltischen Stammes der Boier (vgl. →Bonn). Der alte etruskische Name der Stadt war lateinischen Quellen zufolge *Felsina*. Den Namen *Bononia* deutet man als Ableitung von einem keltischen Wort für «Siedlung» (vgl. →Bonn). Er begegnet auch als Bezeichnung eines römischen Kastells am rechten Ufer der unteren Donau in der Provinz Moesia Superior (heute Widin in Bulgarien) und lebt fort in dem mehrfach bezeugten französischen Ortsnamen Boulogne.

Bonn begegnet in antiken Quellen unter dem Namen *Bonna*. Dahinter vermutet man ein nicht sicher deutbares keltisches Wort für «Siedlung», das unter anderem auch in den Namen von →Bologna, →Lillebonne und →Wien sowie in dem ursprünglichen Namen von →Troyes vorliegt (DELAMARRE 2001:71f.).

Boppard begegnet in antiken Quellen unter dem Namen *Boudobriga*, einer Zusammensetzung aus zwei keltischen Wörtern für «→Sieg» und «→Festung».

Bourbon. Das französische Herrscherhaus der Bourbonen, ein Zweig der Kapetinger, heißt nach dem Stammschloß Bourbon-l'Archambault im Département Allier. Dessen Name geht ebenso wie der von Bourbon-Lancy im Département Saône-et-Loire und der von Bourbonne-les-Bains im Département Haute-Marne auf jene keltische Bezeichnung heißer Quellen zurück, die man vermutlich auch im keltischen Namen von →Worms wiederfindet (vgl. altirisch *berbaid* und kymrisch *berwi* «kochen»). Diese Bezeichnung dürfte auch dem Namen jener Quellgottheiten zugrundeliegen, die in lateinischen Weihinschriften in der Schreibung *Borvo, Bormo, Bormanus, Bormana* und *Bormanicus* erscheinen (EVANS 1967:154–156, MAIER 1994:47f., DELAMARRE 2001:71).

Bourges, Name der Hauptstadt des französischen Départements Cher, geht ebenso wie die Bezeichnung des Herzogtums und der historischen Provinz Berry zurück auf den keltischen Stamm der *Bituriges*, deren Name aus zwei Wörtern für «→Welt» und «→König» zusammengesetzt ist. Der ursprüngliche Name des Hauptortes der Biturigen war *Avaricum*, eine Ableitung vom Namen des Flusses *Avara* (heute *l'Èvre*).

Bragança, Name einer Distriktshauptstadt in Nordostportugal und der von 1640 bis 1853 herrschenden portugiesischen Dynastie, geht vielleicht zurück auf die keltisch-lateinische Bezeichnung *Brigantia*, die auch als Name einer keltischen Göttin in mehreren lateinischen Weihinschriften aus Nordengland belegt ist und in der ursprünglichen keltischen Form *brigantī* dem altirischen Namen Brigit (→Brigitte) zugrunde liegt.

Bram, Name einer Stadt im französischen Département Aude, geht zurück auf *Eburomagus*, eine Zusammensetzung aus zwei Wörtern für «→Eibe» und «→Ebene».

Bregenz, Hauptstadt des österreichischen Bundeslandes Vorarlberg am Ostufer des Bodensees, trug in der Antike den keltischen Namen *Brigantium*, der außerdem den römischen Vorläufer der heutigen Provinzhauptstadt La Coruña an der Nordwestküste Spaniens bezeichnete. Dabei handelt es sich um eine Ableitung von der Wurzel *brig-* «hoch», die unter anderem auch in dem altirischen Personennamen *Brigit* (→Brigitte), im Namen des britannischen Stammes der *Brigantes* (vgl. die sprachverwandte germanische Bezeichnung *Burgunder*) und in dem häufigen Ortsnamenbestandteil *brigā* «→Festung» (sprachverwandt mit deutsch *Burg*) begegnet (RIVET u. SMITH 1979:277–280, DELAMARRE 2001:74f.).

Bretagne ist die französische Form des lateinischen Namens *Britannia* (→Britannien), der sich ursprünglich auf die britische Hauptinsel bezog, jedoch nach der Einwanderung britannischer Kelten aus Cornwall und Devon seit dem frühen Mittelalter auf die zuvor *Aremorica* (vgl. →Meer) genannte Halbinsel im Nordwesten Frankreichs übertragen wurde.

Brigitte als weiblicher Vorname beruht auf der Verehrung der irischen Heiligen *Brigit*, die um 500 gelebt haben soll und als

Gründerin des Klosters von Kildare gilt. Der Name geht auf eine ältere Form *brigantī zurück und erscheint in einigen mittelalterlichen Literaturwerken auch als Bezeichnung einer vorchristlichen irischen Göttin. Er lebt ferner fort im Namen der Flüsse Braint auf der Insel Anglesey und Brent in Middlesex sowie vielleicht im Namen der portugiesischen Stadt →Bragança (MAIER 1994:55).

Britannien als Bezeichnung der britischen Hauptinsel beruht auf dem lateinischen Namen *Britannia*, der eine Ableitung von *Britanni* als Benennung der Inselbewohner darstellt. Dieser Name erscheint in den ältesten griechischen Quellen noch mit anlautendem *p-* in der Schreibung *Prettanoí*. Zugrunde liegt vielleicht eine Eigenbezeichnung der britannischen Kelten als *Pritani oder *Priteni, was man mit einem Wort für «schneiden» oder «ritzen» in Verbindung bringt und auf die britannische Sitte der Tätowierung bezieht. Aus der Form *Pritani entstand als heutige kymrische Bezeichnung Britanniens die Form *Prydain*, während sich die Variante *Priteni zu kymrisch *Prydyn* als einer Bezeichnung des Volks der Pikten im Norden Schottlands entwickelte. Als irische Entsprechung dieses Namens erscheint mit dem charakteristischen Gegensatz von *p* und *kw* bzw. *c* die Form *Cruithin*, die ebenfalls das Volk der Pikten bezeichnet (RIVET u. SMITH 1979:280–282).

Bruder. Die aus der indogermanischen Grundsprache ererbte keltische Bezeichnung des Bruders lautete im Nominativ *brā-tīr (lateinisch *frater*, griechisch *phrátār*, altindisch *bhrātār*, althochdeutsch *bruoder*). Sie ist im Festlandkeltischen nicht bezeugt, lebt jedoch fort im Inselkeltischen, wobei irisch *bráthair* im Unterschied zu kymrisch *brawd* nicht mehr den leiblichen, sondern nur noch im geistlichen Sinn den Ordensbruder bezeichnet. Davon abgeleitet ist der in einer gallischen Inschrift aus Néris-les-Bains im Département Allier bezeugte Personenname *Bratronos* (EVANS 1967:314, DELAMARRE 2001:73).

Brücke. Ein keltisches Wort für «Brücke» war **brīwā*. Man findet es im Namen zahlreicher Ortschaften, die an Flußübergängen entstanden, darunter *Briva Isarae* (heute Pontoise an der Oise) und *Briva Curretia* (heute Brive-la-Gaillarde an der Corrèze). Einige weitere Namen sind ohne nähere Kennzeichnung in den Formen *Briva* oder *Brivae* belegt (heute unter anderem Brives im Département Indre, Brèves an der Yonne im Département Nièvre und Brie im Département Somme). Mit einem Wort für «→Festung» zusammengesetzt sind die Ortsnamen *Brivodurum* (heute Briare im Département Loiret und Brive-sur-Meuse im Département Meuse) und *Durobrivae* als keltische Bezeichnung der römischen Siedlung von Rochester in Kent (RIVET u. SMITH 1979:346–348). Bei dem Wort BRIVATIOM in einer gallischen Inschrift aus Vieux-Poitiers handelt es sich vermutlich um den Genitiv Plural eines Wortes **brīwātis*, das den Einwohner eines *Briva* genannten Ortes bezeichnete (LAMBERT 1994:92–94, DELAMARRE 2001:76).

Brünne als Bezeichnung eines Harnischs oder (Brust-)Panzers entspricht mittelhochdeutsch *brünne* (althochdeutsch *brunia* und *brunna*) und fand in dieser mittelalterlichen Form durch die Werke einiger romantischer Schriftsteller des 19. Jahrhunderts Eingang ins Neuhochdeutsche. Zugrunde liegt germanisch **brunjō*, das aus einem keltischen Wort für «→Brust» entlehnt wurde (DELAMARRE 2001:78). Durch fränkische Vermittlung gelangte germanisch **brunjō* in der Bedeutung «Brustpanzer» auch ins Mittellateinische (*brunia*), Altfranzösische (*broigne*) und Provençalische (*bronha*).

Brust. Als keltische Entsprechung des germanischen Wortes **brustiz* rekonstruiert man eine von derselben indogermanischen Wurzel abgeleitete Bezeichnung *brusnjo-. Dessen irische Fortsetzung *broinne* bedeutet noch heute «Brust», wohingegen die kymrische Entsprechung *bryn* nur im übertragenen Sinn in der Bedeutung «Hügel» bezeugt ist. Beide Bedeutungen, «Hügel» und «Brust», hat demgegenüber kymrisch *bron*, das man auf eine ältere Form *brusnā zurückführt. Keltisch *brusnjo- ist nicht unmittelbar bezeugt, wurde aber früh ins Germanische entlehnt (vgl. →Brünne) und lebt vielleicht fort im Namen des Ortes Brugny im Département Marne, der antik in der Form *Broniacus* bezeugt ist (DELAMARRE 2001:78). Als ein weiteres keltisches Wort für «Brust» rekonstruiert man *kik-. Es lebt in dieser Bedeutung bis heute fort in irisch *cíoch*, wohingegen seine neukymrische Fortsetzung *cig* «Fleisch» bedeutet. Die (ältere?) Bedeutung «Brust» findet man dagegen noch in dem britannischen Ortsnamen *Cicucium* (das römische Kastell von Brecon Gaer in Breconshire), der in dem parallel gebildeten Ortsnamen *Mamucium* (heute Manchester) als Ableitung von *mammā «Brust» eine genaue Entsprechung findet (RIVET u. SMITH 1979:307, MAIER 1999c, DELAMARRE 2001:97f.).

Buche. Als keltisches Wort für «Buche» rekonstruiert man aufgrund indogermanischer Parallelen wie lateinisch *fāgus* «Buche» und griechisch *phēgós* «Eiche» eine Form *bāgo-. Sie lebt vermutlich bis heute fort im Ortsnamen →Bavay, ist jedoch ohne Fortsetzungen in den inselkeltischen Sprachen, in denen die Bezeichnungen der Buche (irisch *fáibhile*, kymrisch *ffawydden*) aus dem Lateinischen entlehnt wurden (DELAMARRE 2001:55).

Budget in der Bedeutung «(Staats-)Haushaltsplan» gelangt um 1800 aus dem Englischen ins Französische und Deutsche, wo sich im Laufe des 19. Jahrhunderts die Aussprache des Nachbar- und nicht die des Ursprungslandes durchsetzt. Englisch *budget* ist entlehnt aus französisch *bougette*, einer Verkleinerungsform des Wortes *bouge*, das die Fortsetzung eines keltischen Wortes für «→Sack» darstellt (DELAMARRE 2001:79f.). Vgl. →Belgien.

Cahors, Name der Hauptstadt des französischen Départements Lot, geht ebenso wie die Bezeichnung der umliegenden Landschaft Quercy zurück auf den keltischen Stamm der *Cadurci*. Der ursprüngliche Name der Stadt war *Devona* (vgl. →Dewangen).

Carlisle hieß in der Antike *Luguvallum*. Zugrunde liegt der von einem Personennamen **Luguwalos* abgeleitete keltische Name **Luguwalium*, der jedoch volksetymologisch an lateinisch *vallum* «Wall» angeglichen wurde (vgl. →Heerlen). Die ursprüngliche Form des Namens ist noch ersichtlich aus dessen altkymrischer Fortsetzung *Cair Ligualid* (neukymrisch *Caer Liwelydd*) und der bei Beda Venerabilis bezeugten Latinisierung *Lugubalia* (RIVET u. SMITH 1979:402). Dabei ist das Element **Lugu-* in **Luguwalos* im Hinblick auf die anderen mit **Lugu-* und **-walos* (→stark) gebildeten Personennamen vermutlich als «Luchs» im Sinne von «→Krieger» zu deuten (MAIER 1997). Hinter der ersten Silbe *Car-* verbirgt sich das kymrische Wort *caer* «Festung», das mit deutsch *Hag* und *(um-)hegen* zusammenhängt.

Carmarthen (kymrisch *Caerfyrddin*) geht zurück auf die antike Bezeichnung *Moridunum*, eine Zusammensetzung aus zwei keltischen Wörtern für «→See» und «→Festung». Dabei entspricht die erste Silbe *Car-* bzw. *Caer-*, das kymrische Wort für «Festung», dem keltischen Namenbestandteil *-dunum* (RIVET u. SMITH 1979:421 f.). Volksetymologisch deutete man *Caerfyrddin* jedoch als «Festung des Myrddin», wobei man Myrddin als einen weisen Dichter der fernen Vergangenheit ansah (vgl. →Merlin).

Casseneuil im französischen Département Lot-et-Garonne geht vermutlich zurück auf **Kassanoialo-*, eine Zusammensetzung aus zwei Wörtern für «→Eiche» und «→Lichtung». Die gleiche Bezeichnung vermutet man hinter den modernen Namen der Städte Chasseneuil (in den Départements Charente und Indre) und Casseuil (im Département Gironde).

Chambord im französischen Département Loir-et-Cher erscheint in einer Quelle des 9. Jahrhunderts unter dem Namen *Cambortus* (ältere Form **Kamboritum*), einer Zusammensetzung aus zwei keltischen Wörtern für «→krumm» und «→Furt». Der Name begegnet auch als Bezeichnung der römischen Siedlung von Lackford in Suffolk und des Ortes Chambourg im Département Indre-et-Loire (RIVET u. SMITH 1979: 294).

Chartres, Hauptstadt des französischen Départements Eure-et-Loire, hat seinen Namen vom keltischen Stamm der *Carnutes*. Der ursprüngliche Name der Stadt war *Autricum*, eine Ableitung von *Autura*, dem keltischen Namen der Eure.

Chorges im Département Hautes-Alpes begegnet in antiken Quellen unter dem keltischen Namen *Caturigomagus*, einer Zusammensetzung aus dem Wort für «→Ebene» und dem aus zwei Wörtern für «→Schlacht» und «→König» zusammengesetzten Namen des Stammes der *Caturiges*.

Dachs. Ein keltisches Wort für «Dachs» war **brokko-*, das in irisch *broc* und kymrisch *broch* sowie als keltisches Lehnwort in englisch *brock* weiterlebt. Es ist als Tierbezeichnung im Festlandkeltischen nicht belegt, begegnet vielleicht aber in den antiken Ortsnamen *Brocavum* (heute Brougham in Westmoreland) und *Brocomagus* (heute Brumath im Elsaß) sowie als Personenname in den Schreibungen *Broccus* und *Brocchus* (RIVET u. SMITH 1979:283, DELAMARRE 2001:77). Im Mittelirischen findet man ferner den mit einem Wort für «→Hund» zusammengesetzten Personennamen *Conbrocc* (UHLICH 1993:213). Als eine weitere keltische Bezeichnung des Dachses rekonstruiert man **tazgo-*, das im Festlandkeltischen jedoch nur als Personenname belegt ist und in dem neuirischen Namen *Tadhg* weiterlebt. Die Grundlage für die Annahme einer ursprünglichen Bedeutung «Dachs» bildet die mittelirische Erzählung von Tadhg mac Céin, die im sogenannten Glossar des Bischofs Cormac aus dem 10. Jahrhundert überliefert ist. Ihr zufolge richtete der Sohn des Tadhg mac Céin für seinen Vater ein Fest aus, für das er das Fleisch einer Vielzahl von Tieren herbeischaffte. Bei einem Dachsbau angekommen, lockte er die Dachse mit einem Schutzversprechen im Namen seines Vaters aus ihrem Bau und tötete sie. Als er die Dachse jedoch auf dem Festmahl zur Schau stellte, wurde er dafür von seinem Vater verflucht. Die Logik der Geschichte beruht augenscheinlich darauf, daß der gängige Eigenname Tadhg ursprünglich den Dachs bezeichnete: Die Dachse verlassen den Bau im Vertrauen darauf, daß sie von ihrem Namensgenossen Tadhg nichts zu befürchten haben (MAC AN BHAIRD 1980, DELAMARRE 2001:247).

Dee als Name mehrerer Flüsse in England, Irland, Wales und Schottland geht zurück auf den keltischen Namen *Dēvā* «Göttin» (vgl. →Gott). Wie bei *Dēvonā* (vgl. →Dewangen) wurde auch hier der Name des Flusses mitunter auf nahegelegene Siedlungen übertragen, so etwa im Falle des römischen Legionslagers *Deva* an der Mündung des Dee, dem Vorläufer der heutigen Stadt Chester (RIVET u. SMITH 1979: 336f.).

Devon als Bezeichnung einer Grafschaft in Südwestengland und einer nach ihr benannten geologischen Formation geht zurück auf den Namen des Stammes der *Dumnonii*. Dabei handelt es sich um eine Ableitung von **dumno-* (älter: **dubno-*), einem keltischen Wort für «→Welt» (irisch *domhan*, mittelkymrisch *dwfn*), das man auch in den zusammengesetzten Personennamen *Dubnorix/Dumnorix* (→König) und *Dubnotalus/Dumnotalus* findet. Der sprachgeschichtliche Zusammenhang zwischen keltisch **dubno-*/**dumno-* und gotisch *diups* «tief» gab zu der Vermutung Anlaß, **dubno-* habe im Gegensatz zur «lichten» Oberwelt **albio-* (→Albion) eine «dunkle» oder «tiefe» Unterwelt bezeichnet. Aus den uns erhaltenen Sprachzeugnissen ist dieser Gegensatz jedoch nicht zu belegen (SCHMIDT 1957:199f., EVANS 1967, 196f., RIVET u. SMITH 1979:343, MEID 1991, DELAMARRE 2001:127).

Dewangen bei Aalen begegnet bei dem Geographen Ptolemaios (2,11,14) unter dem keltischen Namen *Dēvonā*, einer Ableitung von **dēvo-* «Gott». Derselbe Name, ursprünglich wohl die Bezeichnung einer Quelle oder eines Flusses (vgl. →Dee), wird in antiken Quellen auch für die Stadt →Cahors verwendet und ist seit dem 12. Jahrhundert in der Form *Divonna* auch als Bezeichnung des Ortes Divonne-les-Bains im Département Ain bezeugt. Auf einer Verschreibung beruht vermutlich die Form *Devana*, die bei Ptolemaios das römische

Kastell bei Kintore in Aberdeenshire bezeichnet und sich in der ursprünglichen Form *Dēvonā* wohl auf den nahegelegenen Fluß Don bezog (RIVET u. SMITH 1979:338).

Donald geht über irisch und schottisch-gälisch *Domhnall* zurück auf den aus zwei keltischen Wörtern für «→Welt» und «→stark» zusammengesetzten Personennamen **Dumnowalos*.

Donner. Der keltische Name des Donners und des sich darin manifestierenden Himmelsgottes war **Taranus*. Man findet ihn im Dativ in einer mit griechischen Buchstaben geschriebenen gallischen Weihinschrift aus Orgon im Département Bouches-du-Rhône sowie in der Form *Taranis* in einer Aufzählung keltischer Gottheiten bei dem lateinischen Dichter Lucan (*Bellum civile* 1,444–446). Als inselkeltische Fortsetzungen dieser Bezeichnung findet man altirisch *torann* und kymrisch *taran*. Von **Taranus* abgeleitet sind ferner die keltischen Götternamen *Taranucus* und *Taranucnus*, die man aus lateinischen Weihinschriften der Kaiserzeit kennt. Setzt man für die keltische Bezeichnung des Donners eine Metathese (**toran-* aus **tonar-*) voraus, findet **Taranus* eine genaue Entsprechung in germanisch **þunaraz* als Vorläufer des deutschen Wortes *Donner* und des Gottes *Donar* (altnordisch *Þórr*). Das Fehlen der Metathese, vielleicht aber auch nur eine Verschreibung, zeigt die Schreibung *Tanaro* (Dativ) in einer lateinischen Weihinschrift aus dem römischen Britannien (MAIER 1994:308, DELAMARRE 2001:245).

Dormagen geht zurück auf die antike Bezeichnung *Durnomagus*, eine Zusammensetzung aus den keltischen Wörtern für «→Faust» und «→Ebene».

Dover begegnet in antiken Quellen unter dem Namen *Dubris*. Die zugrundeliegende keltische Form des Namens war vermutlich der Plural *Dubra* (von *dubro*- «→Wasser»). Er begegnet in England noch in einigen weiteren Namen wie etwa Wendover und Andover sowie in der französischen Form Douvres (RIVET u. SMITH 1979:341). Vgl. →Tauber.

drei. Das keltische Wort für «drei» (irisch *trí*, kymrisch *tri*) erscheint im Festlandkeltischen mehrfach in der Form *tri*- als erster Bestandteil zusammengesetzter Wörter. So etwa erwähnt der griechische Reiseschriftsteller Pausanias wohl auf der Grundlage hellenistischer Quellen in seiner *Beschreibung Griechenlands* (10,19 ff.) eine taktische Einheit der keltischen Reiterei, welche die Kelten selbst *trimarkisía* «Dreipferdschaft» (→Pferd) nannten. Sie bestand aus je einem berittenen Kämpfer, der von zwei Dienern unterstützt wurde. Diese hielten sich außerhalb des Kampfgeschehens bereit, um dem berittenen Krieger bei einer Verwundung oder dem Verlust seines Pferdes ein frisches Reittier zuzuführen. Wurde der Reiter selbst verwundet, so brachte ihn einer der Diener in Sicherheit, während der andere an seiner Stelle zu Pferd weiterkämpfte. Als Beiname eines mythischen Stiers erscheint auf einem in Paris gefundenen Relief aus der Zeit des Kaisers Tiberius der Beiname *trigaranus* «mit drei Kranichen», wobei das dazugehörige Bild einen Stier mit drei Vögeln auf seinem Kopf und Rücken zeigt. Vermutlich um 200 n. Chr. wurde der gallische Kalender von Coligny aufgezeichnet, in dem die Buchstabenfolge *trinox* wohl als Abkürzung für **trinoxtion* «drei Nächte während(es Fest)» zu verstehen ist. Aus dem frühen Mittelalter schließlich stammt das als *Endlichers Glossar* bekannte Verzeichnis gallischer Wörter mit lateinischen Entsprechungen, das den Ausdruck *trinanto* mit lateinisch *tres valles* «drei Täler» übersetzt. Bis heute erhalten hat sich die – in ihrem zweiten Bestandteil etymologisch undurchsichtige – Bezeichnung des Stammes der *Tricasses* im Namen der Stadt →Troyes (SCHMIDT 1957:280–282, DELAMARRE 2001:254f.).

Dreisam. Der Flußname Dreisam, im 9. Jahrhundert bezeugt in der Schreibung *Dreisima*, geht zurück auf keltisch *tragisamā «die sehr schnelle». Er ist verwandt mit einem keltischen Wort für «→Fuß» und mit dem gallo-lateinischen Wort *vertragus*, der Bezeichnung eines besonders schnellen Jagdhunds (vgl. →Hund). Das gleiche Wort findet man im Namen der Traisen, eines Nebenflusses der mittleren Donau (DELAMARRE 2001:253).

Druide. Das Wort «Druide» als keltische Bezeichnung des Priesters ist in der festlandkeltischen Überlieferung selbst nicht bezeugt, erscheint aber bei griechischen und römischen Autoren im Plural in der Form *druídai* bzw. *druides*. Als Nominativ Singular rekonstruiert man *druwids, eine Zusammensetzung aus zwei keltischen Wörtern für «→Eiche» und «Wissen», so daß man das Wort mit «Eichenkundiger» übersetzen könnte. Die Bezeichnung steht vermutlich im Zusammenhang mit einer Bemerkung des griechischen Redners und Philosophen Maximos von Tyros, derzufolge die Kelten in der Eiche ein Symbol des Himmelsgottes sahen. Daß sich im ersten Bestandteil des Wortes der Name der Eiche verberge, vermutete bereits Plinius der Ältere in seinem Bericht über die keltische Wertschätzung der Mistel (*Naturgeschichte* 16,249–251). Eine Bestätigung dieser Vermutung sieht man in dem bei Strabon (*Erdkunde* 12,5,1) erwähnten Begriff *drunémeton* als Versammlungsort der kleinasiatischen Galater, den man als «Eichenhain» interpretiert (vgl. →Heiligtum). Daß der zweite Teil der Bezeichnung *Druide* das Wort für «Wissen» enthält, bestätigen die drei parallel gebildeten altirischen Wörter *druí* «Druide», *suí* «Gelehrter» und *duí* «Ignorant». Im Unterschied zu neuirisch *draoi*, das über altirisch *druí* unmittelbar auf *dru-wid-s zurückgeht, führt man *derwydd* als kymrische Bezeichnung des Druiden auf eine ältere Form *do-are-wid-s «Voraussehender, Wahrsager» zurück (DELAMARRE 2001:125f.).

Dublin. Der englische Name Dublin beruht auf einer Zusammensetzung zweier keltischer Wörter für «→schwarz» und «→See». Im Irischen kam dieser Name jedoch schon früh außer Gebrauch und wurde durch die Bezeichnung *Baile Átha Cliath* «Stadt der Hürden-Furt» (vgl. →Hürde) ersetzt. Vielleicht als Anspielung auf diesen Namen berichtet die mittelkymrische Erzählung «Branwen, die Tochter Llŷrs», einst habe sich der riesenhafte britannische König Bran auf seinem Feldzug gegen den irischen König Matholwch quer über den Fluß Llinon (die Liffey) gelegt, und nachdem man Hürden auf ihn geworfen habe, seien seine Krieger auf ihm hinübermarschiert (MAIER 1999a:135f.).

Düren geht zurück auf die antike Bezeichnung *Marcodurum*, eine Zusammensetzung aus zwei keltischen Wörtern für «→Pferd» und «→Festung».

Ebene. Ein keltisches Wort für «Ebene» war **mago-* (= irisch *magh* «Ebene» und kymrisch *-fa* in Ortsnamen und einigen zusammengesetzten Wörtern wie *gwynfa* «Paradies»). Es begegnet häufig als Zweitglied zusammengesetzter Ortsnamen in Gallien und Britannien, fehlt jedoch auf der Iberischen Halbinsel. Zu den bereits antik bezeugten Namen zählen *Argantomagus* (→Silber), *Augustomagus* (jetzt Senlis im Département Oise), *Blatomagus* (→Blume), *Caesaromagus* (jetzt →Beauvais), *Claudiomagus* (jetzt Clion im Département Indre), *Condatomagus* (→Zusammenfluß) und *Iuliomagus* (jetzt →Angers). Vgl. ferner →Chorges, →Dormagen, →Marmagen, →Neumagen, →Remagen und →Worms (RIVET u. SMITH

287f., DELAMARRE 2001:180). Umstritten ist die Existenz eines keltischen Wortes *lāno- «Ebene, eingeebnetes Areal», das als keltische Entsprechung des lateinischen Wortes *planus* «flach, eben» in dieser Bedeutung weder im Festland- noch im Inselkeltischen belegt ist und lediglich aus Ortsnamen erschlossen wurde. Vgl. →Mailand.

Eibe. Ein keltisches Wort für «Eibe» war *iwo-, auf das altirisch *éo*, kymrisch *ywen* und französisch *if* zurückgehen. Man findet es in den inschriftlich bezeugten Personennamen *Ivomagus* und *Ivorix* sowie in dem Ortsnamen *Ivetum* als antiker Bezeichnung der heutigen Städte Ivoy-le-Pré im Département Cher und Yvoy-le-Marron im Département Loir-et-Cher (SCHMIDT 1957:228, DELAMARRE 2001:163). Als eine weitere keltische Bezeichnung der Eibe rekonstruiert man *eburo-, auf das altirisch *ibar* «Eibe» und kymrisch *efwr* «Bärenklau» zurückgehen. Sie begegnet in Personennamen (*Eburus*, *Eburius*, *Eburianus*) sowie als erster Bestandteil der mit Wörtern für «→Festung» zusammengesetzten Ortsnamen *Eburobriga* (→Avrolles) und *Eburodunum* (→Yverdon). In Verbindung mit den keltischen Wörtern für «→Lichtung» und «→Ebene» findet man sie in den Ortsnamen *Eburoialo- (→Avreuil) und *Eburomagus* (→Bram) sowie in den Stammesnamen *Eburones* und *Eburovices* (SCHMIDT 1957:202, EVANS 1967:346f., RIVET u. SMITH 1979:357, DELAMARRE 2001:134).

Eiche. Ein keltisches Wort für «Eiche» begegnet in zahlreichen zusammengesetzten Wörtern und Namen in den Formen *dru- und *derwo-. Man findet es in den festlandkeltischen Personennamen *Derva*, *Dervonia* und *Drutalus*, dem britannischen Fluß- und Siedlungsnamen *Derventio* (woraus die modernen Flußnamen Derwent, Darwen, Darent und Dart in England), den gallischen Ortsnamen *Derventum* (heute Drevant im Département Cher) und *Darvetum* (heute Darvoy im

Département Loiret), der galatischen Bezeichnung *drunemeton* «Eichenhain» sowie nicht zuletzt dem Namen der →Druiden. Das Wort lebt fort in den inselkeltischen Bezeichnungen der Eiche (irisch *dair* und kymrisch *dâr*, sprachverwandt mit griechisch *dóry* und englisch *tree* «Baum») sowie in dem neuirischen Adjektiv *dearbh* (aus *derwo-) «sicher, gewiß». Dabei findet man den Bedeutungsübergang von «kernholzartig, fest» zu «verläßlich» auch in deutsch *treu* und englisch *true*, die auf eine ältere Form *trewwa- zurückgehen (SCHMIDT 1957:197f., RIVET u. SMITH 1979:330 und 333, DELAMARRE 2001:117f.). Als ältere Form des französischen Wortes *chêne* «Eiche», das aus dem Lateinischen nicht erklärt werden kann und in den übrigen romanischen Sprachen keine Entsprechung findet, erschließt man ferner eine gallische Bezeichnung *kassano- oder *kassino- (vgl. französisch *frêne* «Esche» aus lateinisch *fraxinus*). Man vermutet sie unter anderem als ersten Bestandteil der zusammengesetzten Ortsnamen *Cassinomagus* (heute Chassenon im Département Charente) und *Kassanoialo- (→Casseneuil). Das Wort ist jedoch ohne nähere indogermanische Parallelen und hat auch in den inselkeltischen Sprachen keine unmittelbaren Fortsetzungen gefunden. Denkbar wäre allerding der Zusammenhang mit einem keltischen Wort für «→Haar», was auf eine gedankliche Verbindung zwischen dem Haarwuchs und dem grünen Laub des Baumes schließen lassen könnte (LAMBERT 1994:193, WOLF 1997, DELAMARRE 2001:93). Die bei antiken Autoren überlieferte Gebirgsbezeichnung *Hercynia silva* bzw. *Herkýnios drymós* betrachtet man als Ableitung von einer ansonsten nicht bezeugten keltischen Entsprechung des lateinischen Wortes *quercus* «Eiche», die man auf indogermanisch *$perk^w us$ zurückführt (DELAMARRE 2001:139).

Eid. Den Eid im Sinne der bedingten Selbstverfluchung bezeichneten Kelten und Germanen mit dem Wort *oito- (woraus altirisch *oeth*, gotisch *aips*, englisch *oath* und deutsch *Eid*). Dabei handelt es sich um die Ableitung von einer sprachlichen Wurzel mit der Bedeutung «gehen» (vgl. griechisch *oîtos* «Gang, Schicksal»), die sich ursprünglich wohl auf den «Eidgang» im Sinne des Vortretens zur Eidesleistung oder zu einem Gottesurteil bezog (DELAMARRE 2001:203).

eigen. Ein keltisches Wort für «eigen» erschließt man aus dem Stammesnamen *Nitiobroges*, dessen erster Bestandteil **nitio-* altindisch *nítya-* «eigen» entspricht. In Verbindung mit **brogi-* «→Land» dürfte der Name soviel wie «Leute, die in eigenen Gebieten siedeln» bezeichnet haben. Er steht damit im Gegensatz zur Bezeichnung *Allobroges*, die das Element **brogi-* mit einem Wort für «→andere(r, s)» kombiniert und vermutlich soviel wie «Leute, die in fremden Gebieten siedeln» bedeutete (SCHMIDT 1957:249, DELAMARRE 2001:199).

ein(s). Das Wort für «ein(s)» (irisch *aon*, kymrisch *un*) lautete keltisch und indogermanisch **oino-* (woraus auch lateinisch *unus*, gotisch *ains* und deutsch *ein*). Es erscheint auf einer gallischen Goldmünze in der Schreibung OINO und lebt fort in der ersten Silbe des irischen und schottischen Personennamens *Angus*, der altirisch *Óengus* und altkymrisch *Ungust* lautete. Zugrunde liegt eine ältere Form **Oino-gustus* mit der Bedeutung «von einzigartiger Tüchtigkeit» (UHLICH 1993:286, DELAMARRE 2001:202f.).

Eisen. Das Eisen bezeichneten die Kelten mit dem Wort **īsarno-* (irisch *iarann*, kymrisch *haearn*), das vermutlich im Zusammenhang mit der Technik der Eisenverarbeitung zu einem frühen Zeitpunkt ins Germanische entlehnt wurde (vgl. gotisch *eisarn*, englisch *iron* und deutsch *Eisen*). Man findet es in den gallischen Personennamen *Isarnus* und *Isarninus* sowie in dem Ortsnamen *Isarnodurum* (heute *Izernore* im Département Ain). Eine Ableitung von *Isarnus* ist der Ortsname Yzernay im Département Maine-et-Loire, den man auf eine ältere Form **Īsarnācum* zurückführt (DELAMARRE 2001:162).

Erbe. Ein keltisches Wort für *den* Erben war **orbios*. Man findet es im Altirischen in der Zusammensetzung *com-arbe* (aus **kom-orbios*), das in seiner Bildung und Bedeutung genau gotisch *ga-arbja* «(Mit-)Erbe» entspricht. Die Bezeichnung für *das* Erbe lautete dementsprechend **orbion* (woraus altirisch *orbae*). Sprachverwandt sind lateinisch *orbus*, griechisch *orphanós* und armenisch *orb* «Waise» sowie altindisch *árbha-* «klein, jung». Die Ableitung des Wortes für «Erbe» von einem Wort für «Waise» findet sich innerhalb der indogermanischen Sprachfamilie nur im Keltischen und Germanischen und stellt augenscheinlich eine gemeinsame Neuerung dieser beiden geographisch benachbarten Sprachzweige dar (DELAMARRE 2001:205).

Erle. Ein keltisches Wort für «Erle» war **werno-* (woraus irisch *fearn* und kymrisch *gwern* sowie südfranzösisch *vergne* und katalanisch *vern*). Es begegnet im Flußnamen *Vernodubrum* (→Wasser) sowie in den Ortsnamen *Durovernum* (→Festung) und **Vernomagus* (→Ebene). Da die Schwarz- oder Rot-E. eine hohe Luft- und Bodenfeuchtigkeit benötigt, findet man sie häufig an Flüssen und Bächen sowie auf Flachmooren. Kymrisch *gwern* bedeutet daher auch «Sumpf», was vielleicht schon für das Gallische vorauszusetzen ist. Den Stammesnamen *Arverni* deutete man dementsprechend als «Leute, die östlich des Erlensumpfs siedeln». Da die vorauszusetzende ältere Form **Areverni* jedoch inschriftlich nicht belegt ist, bleibt diese Erklärung zweifelhaft (SCHMIDT 1957:292, RIVET u. SMITH 1979:353f., LAMBERT 1994:200, GRZEGA 2001: 257f., DELAMARRE 2001:265f.).

erste(r, s). Das keltische Wort für «erste(r, s)» war (woraus altirisch *cét* und kymrisch *cyntaf*). Es begeg schriftlich mehrfach als Vorderglied der zusammeng Personennamen *Cintugena* und *Cintugenus* sowie *Cintug....* und *Cintugnatus* mit der mutmaßlichen Bedeutung «Erstgeborene(r)» (SCHMIDT 1957:172, EVANS 1967:179 f., 334 f., DELAMARRE 2001:98).

Essen und Trinken. Ein keltisches Wort für «Essen» im Sinne von «Nahrung» vermutet man in dem Wort **depro-*, das vielleicht in bretonisch *debri* «essen» weiterlebt. Man findet es in dem gallischen Personennamen *Deprosagilos*, den man als Spitznamen («der hinter dem Essen her ist», «Freßsack») deutet (SCHMIDT 1957:191, EVANS 1967:80f., DELAMARRE 2001: 116). Ein keltisches Wort für «Getränk», **lindo-*, bedeutete vermutlich ganz allgemein «Flüssigkeit, Naß» und begegnet daher auch in der Bedeutung «→See». Man findet es (im Akkusativ Plural) in der Inschrift *neddamon delgu linda* «ich enthalte die Getränke der nächsten» auf einem kleinen Trinkbecher aus Ton, der 1871 bei Ausgrabungen in den gallorömischen Töpferwerkstätten von Banassac im Département Lozère zutage kam und jetzt im Musée des antiquités nationales in Saint-Germain-en-Laye aufbewahrt wird (LAMBERT 1994: 139 f.). Die Inschrift erklärt sich aus der antiken Sitte, bei einem Gelage das Trinkgefäß von einem Teilnehmer zum nächsten weiterzureichen. Unmittelbar zu vergleichen ist die lateinische Gefäßinschrift *accipe m[e si]tiens et trade sodali* «Nimm mich, wenn du Durst hast, und reiche mich dann an den nächsten weiter». Ob der gallische Becher tatsächlich in dieser Weise benutzt wurde, erscheint allerdings wegen seiner geringen Größe fraglich. Vielleicht handelte es sich vielmehr um ein reines Zierstück, ähnlich den mit Bildern und Aufschriften versehenen «Probiergläschen» des modernen Massentourismus. Dazu paßt der Umstand, daß die Inschrift nicht erst vom Besitzer des Bechers, sondern schon vor dem Brand vom Töpfer eingeritzt wurde. Das bevorzugte Getränk der Kelten war antiken Autoren zufolge das →Bier, während Wein den Angehörigen einer begüterten Oberschicht vorbehalten blieb.

Évreux hat seinen Namen vom keltischen Stamm der *Eburovices* (vgl. →Eibe, →Kämpfen). Der ursprüngliche Name der Stadt war *Mediolanium* (vgl. →Mailand).

Familie. Ein keltisches Wort für die Familie oder Sippe war *weniā* (woraus altirisch *fine*). Die Mitglieder einer Familie bezeichnete man vielleicht als *wenikoi*, wie eine mit griechischen Buchstaben geschriebene gallische Inschrift auf einem silbernen Becher aus Vallauris vermuten läßt. Sprachverwandt sind althochdeutsch *wini* «Freund» – bis heute erhalten in Namen wie Alwin, Lewin und Winfried – sowie lateinisch *venus* «Liebe». Die Bezeichnungen der Familie in den modernen inselkeltischen Sprachen (irisch *teaghlach*, kymrisch *teulu*) gehen demgegenüber zurück auf das Wort *tego-slougos*, das ursprünglich soviel wie «Haus-Schar» bedeutete und auch das Gefolge eines Herrschers bezeichnen konnte. Keltischer Herkunft ist das deutsche Fremdwort *Clan*, das über das Englische auf irisch *clann* (ältere Form: *cland*) zurückgeht. Ihm entspricht im Kymrischen die Pluralform *plant* (Singular: *plentyn*) «Kinder». Beide Formen gehen letztlich auf lateinisch *planta* zurück, das vermutlich neben «Setzling» auch soviel wie «Sprößling» oder «Nachwuchs» bedeuten konnte und in dieser Bedeutung ins Keltische entlehnt wurde (SCHMIDT

1957:289 f., EVANS 1967:277–279, MAIER 1994:79 und 127, DELAMARRE 2001:263). Zu den uns bekannten Bezeichnungen einzelner Familienmitglieder zählen Wörter für →Bruder, →Mutter, →Schwester, →Sohn, →Tochter und →Vater.

Farn. Ein keltisches Wort für «Farn» war *ratis*. Man findet es als mutmaßliches keltisches Lehnwort im Baskischen in der Form *iratze* sowie als gallisches Wort bei dem lateinischen medizinischen Schriftsteller Marcellus Empiricus (*filiculae, quae ratis gallice dicitur*). Darüber hinaus vermutet man es in dem bei Klaudios Ptolemaios belegten gallischen Ortsnamen *Ratiaton* (heute Rézé im Département Loire-Atlantique). Inselkeltische Fortsetzungen sind irisch *raithneach* und kymrisch *rhedyn* «Farn». Wie die sprachverwandten Wörter deutsch *Farn* und altindisch *parṇam* «Flügel, Feder» zeigen, besaß das Wort ursprünglich ein anlautendes *p*, das im Keltischen schwand und im Germanischen zu *f* wurde. Die Benennung des Farns nach seiner Ähnlichkeit mit einer Feder findet man auch im Altgriechischen, wo *pterón* «Flügel» und *pterís* «Farn» bedeutet (DELAMARRE 2001:215).

Faust. Das keltische Wort für «Faust» war **durno-* (woraus irisch *dorn* und kymrisch *dwrn*). Man vermutet es in mehreren Personennamen wie etwa *Durnacus* und *Dagodurnus* (→gut) sowie in einigen Ortsnamen wie etwa *Durnomagus* (→Dormagen). Aus dem Keltischen stammen altprovençalisch *dorn* und altfranzösisch *dor*, die als Maßeinheit eine Breite von vier Fingern bezeichnen (SCHMIDT 1957:201, RIVET u. SMITH 1979:345, DELAMARRE 2001:131 f.).

Feind. Ein keltisches Wort für «Feind» war **namanto-*. Es begegnet in mehreren gallischen Personennamen wie *Namantius*, *Namantus* und *Namantobogius* sowie im Irischen in der Form *namhaid*. Zugrunde liegt vielleicht das Partizip eines

Verbs mit der Bedeutung «lieben» (vgl. lateinisch *amare*), das mit einem Negativpräfix *ne* versehen wurde (SCHMIDT 1957: 246f., EVANS 1967:103 f. und 234–236, DELAMARRE 2001:195). Vgl. →Freund.

Festung. Befestigte Siedlungen sind aus allen Epochen der keltischen Geschichte und so gut wie allen Teilen der keltischen Welt bezeugt. Dabei haben ausgedehnte archäologische Untersuchungen insbesondere der frühkeltischen Fürstensitze und der unmittelbar vorrömischen Oppida den hohen Stand der keltischen Befestigungstechnik deutlich gemacht. Aus antiken Ortsnamen und aus dem Wortschatz der inselkeltischen Sprachen kann man mindestens vier keltische Wörter für «Festung» erschließen. Als Bezeichnung einer Hügelfestung begegnet von den keltischsprachigen Regionen Mitteleuropas bis zur Iberischen Halbinsel das Wort *brig- (latinisiert *brigā), das kymrisch *bre* «Hügel» entspricht und mit irisch *brí* «Hügel» sowie deutsch *Burg* verwandt ist (vgl. →Bregenz und →Brigitte). Man findet es in einigen französischen Ortsnamen in den modernen Formen *Brie* und *Broye* sowie in den zusammengesetzten Namen der antiken Ortschaften *Artobriga* (→Bär), *Boudobriga* (→Sieg), *Cetobriga* (→Wald), *Eburobriga* (→Eibe), *Litanobriga* (→weit), *Nemetobriga* (→Heiligtum), *Segobriga* (→Sieg) und *Vindobriga (→weiß). Aus römischer Zeit stammen die lateinisch-keltischen Mischbildungen *Augustobriga*, *Caesarobriga* und *Flaviobriga* (RIVET u. SMITH 1979: 278, DELAMARRE 2001:74f.). Ein weiteres Wort für «Hügelfestung», das jedoch im Unterschied zu *brigā in Mitteleuropa ungleich häufiger vorkommt als auf der Iberischen Halbinsel, war **dūno-*. Antik bezeugt in den Schreibungen *dounon* und *dunum*, lebt es bis heute fort in den Ortsnamen Châteaudun, Dun-le-Palleteau, Dun-le-Poëlier, Dun-sur-Auron, Dun-sur-Grandry, Dun-sur-Meuse und Thun in der Schweiz. Wie diese teilweise erst seit dem Mittelalter bezeugten Namen zeigen, war das Wort nach der Romanisierung aus dem Gallischen ins Lateinische übernommen worden. Dementsprechend findet man in Gallien auch Mischbildungen wie *Augustodunum* (→Autun) und *Caesarodunum* (heute →Tours), in denen *$d\bar{u}no$- mit lateinischen Personennamen verbunden wurde. Mit keltischen Wörtern zusammengesetzt sind die Namen *Aredunum (→vor), *Artodunum (→Bär), *Branodunum* (→Rabe), *Cambodunum* (→krumm), *Karrodounon* (→Wagen), *Eburodunum* (→Eibe), *Gēsodounon* (→Speer), *Moridunum* (→See), *Noviodunum* (→neu), *Rigodounon* (→König), *Segodunum* (→Sieg) und *Virodunum* (→Mann). Darüber hinaus findet man *$d\bar{u}no$- in der als *Endlichers Glossar* bekannten Liste gallischer Wörter mit lateinischen Übersetzungen, in welcher der Ortsname *Lugdunum* (→Lyon) als *desiderato monte*, *dunum* folglich als gallische Entsprechung von lateinisch *mons* «Berg» erklärt wird. Als Ableitung von *$d\bar{u}no$- begegnet auf einer Weihinschrift aus Bouhy im Département Nièvre die Form *Dunatis* «der zur Festung Gehörige» als Beiname des Gottes Mars (entsprechend lateinisch *Mars castrensis*). Im Inselkeltischen bis heute gebräuchlich sind irisch *dún* und kymrisch *dinas* als Bezeichnungen vor- und frühgeschichtlicher Befestigungsanlagen (RIVET u. SMITH 1979:274 f., DELAMARRE 2001:130). Ein weiteres keltisches Wort für «Festung» oder vielleicht eher «befestigter Platz» war *duro-, das ebenso wie *$d\bar{u}no$- vor allem in Mitteleuropa bezeugt ist, jedoch keine Hügelfestung, sondern eher eine ummauerte Siedlung in ebenem Gelände bezeichnet haben dürfte. Man findet es unter anderem in den zusammengesetzten Ortsnamen *Augustodurum* (heute →Bayeux), *Autessiodurum* (heute →Auxerre), *Boiodurum* (vgl. →Böhmen), *Brivodurum* (→Brücke), *Durobrivae* (→Brücke), *Durocortorum* (heute →Reims), *Durovernum* (→Erle), *Marcodurum* (heute →Düren), *Nemetodurum (heute →Nanterre) und – in Kombination mit dem Wort für →König – *Rigodurum* (RIVET u. SMITH 1979:346 f., DELA-

MARRE 2001:131 f.). Als ein weiteres keltisches Wort mit der Bedeutung «Festung» erschließt man ferner *rāti-, das in irisch rá(i)th «Befestigung» weiterlebt. Im Festlandkeltischen vermutet man es in den zusammengesetzten Ortsnamen Argentorate (→Silber) und Carbantorate (→Wagen). Einige weitere Namen könnten angesichts der unsicheren Länge des Vokals auch von dem keltischen Wort für «Farn» (*rati-) abgeleitet sein (RIVET u. SMITH 1979:443, DELAMARRE 2001:214).

Feuer. Ein keltisches Wort für «Feuer», *aidu-, erschließt man aus altirisch áed «Feuer» und dem Namen des gallischen Stamms der Aeduer (latinisiert Haedui). Im Mittelirischen begegnet es als Hinterglied des mit einem Wort für «→Hund» zusammengesetzten Personennamens Conáed. Sprachverwandt sind unter anderem lateinisch aedes «Haus, Tempel» (ursprünglich wohl «Feuerstätte») und griechisch aithos «Hitze, Feuer» (UHLICH 1993:210, DELAMARRE 2001:31).

Fiaker als Bezeichnung einer gemieteten Kutsche ist entlehnt aus französisch fiacre und begegnet im deutschen Sprachraum erstmals in der zweiten Hälfte des 18. Jahrhunderts. Während das Wort in Preußen bald von dem slawischen Lehnwort Droschke verdrängt wurde, blieb es im bayerisch-österreichischen Raum erhalten. Die französische Bezeichnung der Mietkutsche als fiacre kam in Paris auf, da man dort schon 1640 am Hôtel St-Fiacre in der Rue St-Antoine Kutschen mieten konnte. Das Hôtel St-Fiacre wiederum hat seinen Namen von dem irischen Heiligen und Einsiedler Fiacrius von Meaux (Namenstag 30. August), dessen Name altirisch Fíachr(a)i lautet, was gallisch in der Form Vecorix bezeugt ist. Dabei handelt es sich um die Zusammensetzung aus einem etymologisch undurchsichtigen Vorderglied mit einem keltischen Wort für «→König» (UHLICH 1993:247f.).

Fluß. Flüsse spielten in der keltischen Kultur als natürliche Grenzen von Stammesterritorien, aber auch als Opferstätten eine wichtige Rolle. Ein keltisches Wort für «Fluß» war *abonā (anglisiert in dem mehrfach bezeugten englischen Flußnamen →Avon). Dabei handelt es sich um eine Ableitung von der indogermanischen Wurzel *ab-, auf die vielleicht auch lateinisch *amnis* (aus einer älteren Form *abnis) «Strom, Fluß» sowie einige deutsche Flußnamen auf -ap, -epe, -aff usw. zurückgehen (RIVET u. SMITH 238–240, DELAMARRE 2001:25f.).

Frau. Ein keltisches Wort für «Frau» war *benā (vgl. irisch *bean* und kymrisch *benyw*). Man findet es in den zusammengesetzten Personennamen *Senobena* (→alt) und *Sacrobena* (→heilig) sowie – im Genitiv Plural – in der Inschrift von Larzac in dem Ausdruck *se bnanom brictom* «dieser Zauber von Frauen» (SCHMIDT 1957:147f., LAMBERT 1994:166, DELAMARRE 2001:62f.).

frei. Ein keltisches Wort für «frei» war *rijo- (kymrisch *rhydd*). Man vermutet es in einigen zusammengesetzten gallischen Personennamen wie *Riomarus* (→groß) und *Riocatus* (→Schlacht), falls *Rio-* darin nicht eine Variante des Namenbestandteils *Rigo-* (→König) darstellt. Wie deutsch *frei*, altindisch *priya-* «lieb» und altkirchenslavisch *prijatel'* «Freund» zeigen, besaß das Wort ursprünglich ein anlautendes *p*, das im Germanischen zu *f* wurde. Die Bedeutungsentwicklung von «lieb» zu «frei» beschränkt sich innerhalb der indogermanischen Sprachen auf das Keltische und Germanische und beruht vielleicht auf der Verwendung des Wortes zur Bezeichnung der freigeborenen Kinder. Eine vergleichbare Doppelbedeutung zeigt lateinisch *liber*, das im Plural sowohl «Freie» als auch «(freigeborene) Kinder» bezeichnen kann (SCHMIDT 1957:259, DELAMARRE 2001:218f.).

Freund. Als Ableitung von einer Wurzel mit der Bedeutung «lieb(en)» findet man im Keltischen **karant(o)-* als Bezeichnung des Freundes. Das Wort begegnet in zahlreichen gallischen Personennamen wie *Carantacus, Carantia, Carantiana, Carantillus, Carantinius, Carantius* und *Carantodius*. Es lebt fort in irisch *cara*, wohingegen man im Kymrischen den Freund heute zumeist mit dem englischen Lehnwort *ffrind* bezeichnet (SCHMIDT 1957:163, EVANS 1967:162–166, DELAMARRE 2001:91).

fünf, fünfter. Das indogermanische Wort für «fünf», **penk^we* (woraus altindisch *pañca*, altgriechisch *pénte* und deutsch *fünf*), erscheint im Deutschen als fünf, im Lateinischen als *quinque* und im Keltischen als **k^wenk^we*. Im Kymrischen wurde daraus (mit charakteristischer Entwicklung des Labiovelars k^w zu p) *pump*, im Irischen dagegen *cúig*. Im Gallischen findet man die Form *pempe* in dem Pflanzennamen *pempedula*, den der griechische medizinische Schriftsteller Dioskurides als gallische Bezeichnung des Fünf-Fingerkrauts (griechisch *pentáphyllon*) erwähnt. Inschriftlich bezeugt ist außerdem die Form *pinpetos* «fünfter» (DELAMARRE 2001: 209f.).

Fürst. Als Ableitung von einer Wurzel mit der Bedeutung «groß» begegnet im Keltischen **maglo-* als Bezeichnung des Fürsten (vgl. lateinisch *magnus*, griechisch *mégas* und gotisch *mikils* «groß»). Vermutlich in der Funktion eines Götter- oder Personennamens findet man diese Ableitung in der Form *Magalu* «dem Fürsten» (Dativ) in einer gallischen Inschrift, die 1848 in Bourges zutage kam. Im Inselkeltischen begegnet sie in den kymrischen Personennamen *Brochfael* (→Dachs) und *Henfael* (→alt) sowie in dem mit einem Wort für «→Hund» zusammengesetzten Personennamen irisch *Conmáel*/kymrisch *Cynfael* bzw. dessen Umkehrung irisch *Máelchú*/kymrisch *Maelgwn* (SCHMIDT 1957:234f., UHLICH 1993:217f. und 275f., DELAMARRE 2001:179f.).

Furche. Als Entsprechung von deutsch *Furche* und lateinisch *porca* «Erhöhung zwischen zwei Furchen im Acker» rekonstruiert man keltisch *rikā, das im 7. Jahrhundert in der gallolateinischen Form *riga* bezeugt ist und in französisch *raie* «Rille» weiterlebt. Aus einer Form **rikko-* entwickelte sich kymrisch *rhych* «Furche». Zugrunde liegt die indogermanische Wurzel mit der Bedeutung «aufwühlen», von der auch ein keltisches Wort für das →Schwein als «Wühler» abgeleitet ist (LAMBERT 1994:198, GRZEGA 2001:221, DELAMARRE 2001: 217f.)

Furcht. Ein keltisches Wort für «Furcht» war **obno-* bzw. (mit Assimilation des *b* an den darauffolgenden Nasal) **omno-*. Es erscheint unter anderem in den gallischen Personennamen *Exsobnus/Exomnus/Exsomnus* sowie *Exobna/Exomna/Exouna*, die in altirisch *es(s)amain* und kymrisch *e(h)o(f)n* «furchtlos» eine genaue Entsprechung finden. Das Grundwort **obno-*/ **omno-* lebt fort in irisch *uamhan*, kymrisch *ofn* «Furcht» und begegnet auch im Namen des irischen Abts und geistlichen Schriftstellers *Adomnán* (um 624–704), den man jedoch volksetymologisch von *Adam* ableitete (SCHMIDT 1957:250, UHLICH 1993:144, DELAMARRE 2001:143).

Furt. Flußübergänge spielten wegen der großen Bedeutung von Wasserläufen als Verkehrswege und natürliche Grenzen von Stammesterritorien eine wichtige Rolle. Die keltische Bezeichnung einer Furt war **ritu-* (identisch mit lateinisch *portus* «Hafen» und deutsch *Furt*). Im Kymrischen blieb dieses Wort in der Form *rhyd* erhalten, während es im Irischen durch *áth* ersetzt wurde. Die latinisierte Form *ritum* erscheint häufig als zweiter Bestandteil zusammengesetzter Ortsnamen wie etwa

Anderitum, Augustoritum (heute →Limoges), *Kamboritum (→Chambord), *Darioritum* (heute →Vannes) und *Maporitum* (→Sohn). Festlandkeltische Personennamen wie *Ritogenus*, *Ritomarus* und *Ritumara* sind demgegenüber wohl eher von einem gleichlautenden Wort für «Lauf(en)» abzuleiten (RIVET u. SMITH 1979:251, DELAMARRE 2001:219).

Fuß. Ein keltisches Wort für «Fuß» war **kokso-* (sprachverwandt mit lateinisch *coxa* «Hüfte, Oberschenkel»). Man findet es in dem mit einem Wort für «→Silber» zusammengesetzten Personennamen *Argentokoxos*, vielleicht auch in dem Personennamen *Couxollus* (→groß), falls das *ou* als *o* zu lesen ist. Eine inselkeltische Fortsetzung des Wortes ist irisch *cos* «Fuß», wohingegen kymrisch *coes* «Bein» entweder aus lateinisch *coxa* entlehnt oder in seiner Lautentwicklung davon beeinflußt ist (SCHMIDT 1957:185, DELAMARRE 2001:107). Ein weiteres keltisches Wort für «Fuß» war **traget-* (woraus irisch *troigh* und kymrisch *troed*, sprachverwandt mit gotisch *pragjan* «laufen»). Man findet es in der gallo-lateinischen Bezeichnung eines besonders schnellen Jagdhunds (vgl. →Hund) sowie in dem als *Endlichers Glossar* bekannten Verzeichnis gallischer Wörter mit lateinischer Übersetzung in der Gleichung *treide – pede*. Diese späte Schreibung findet man auch in dem mit einem Wort für «→Brücke» zusammengesetzten Namen des Ortes Bléré im Département Indre-et-Loire, der im 6. Jahrhundert in der Schreibung *Briotreide* bezeugt ist (LAMBERT 1994:203 f., DELAMARRE 2001:253).

G

Galater nennt man heute die keltischen Bewohner Kleinasiens, die im frühen 3. Jahrhundert v. Chr. aus ihren mitteleuropäischen Wohngebieten nach Anatolien einwanderten und ihre keltische Sprache dort bis in die Spätantike bewahrten (vgl. den Brief des Apostels Paulus an die Galater). Im Unterschied zu diesem modernen Sprachgebrauch bezeichnete der Name (griechisch *Galátai*, lateinisch *Galatae*) in der Antike die Kelten im allgemeinen und stimmt damit in seinem Bedeutungsumfang mit den alternativen Bezeichnungen *Keltoí*, *Kéltai*, *Celtae* und *Galli* weitgehend überein. Möglicherweise hängt der Name der *Gallier* und *Galater* zusammen mit einem keltischen Wort **galā*, das die Kampfeswut (altirisch *gal*) bezeichnete. Anschauliche Beschreibungen keltischer Kampfeswut verdanken wir der mittelalterlichen irischen Literatur, deren – wohl ironisch gemeinten – Darstellungen zufolge sie sich in einer Art Hitzewallung äußerte. So berichtet die «Geschichte des Rinderraubs von Cuailnge» (*Táin Bó Cuailnge*), daß die Landsleute des berühmten Helden Cú Chulainn den Krieger nach der Rückkehr von einem Waffengang zur Abkühlung der Reihe nach in drei Fässer kalten Wassers stecken mußten: Das erste Faß barst vor Hitze, im zweiten begann das Wasser zu kochen und im dritten wurde es immerhin noch auf Körpertemperatur angewärmt.

Gallier (Galli), die lateinische Bezeichnung der Kelten, entspricht vermutlich einer keltischen Eigenbezeichnung, die von einem Wort für «Kampfeswut» abgeleitet ist (vgl. → Galater). Als Lehnwort findet man lateinisch *Gallus* «Gallier» im

Irischen, und zwar in der Form *Gall* (Plural *Gaill*). Mit diesem Wort bezeichneten die Iren zunächst die Bewohner Galliens, später aber auch die Wikinger, die Anglo-Normannen, die Engländer und überhaupt jeden Ausländer. So ist *Innse na nGall*, «Die Inseln der Ausländer», eine gängige schottisch-gälische Bezeichnung der Hebriden, da diese Inseln vor der schottischen Westküste in der Wikingerzeit vor allem von Norwegern bewohnt waren und man dort vorwiegend Altnordisch sprach. Als irische Adlige im 13.–15. Jahrhundert in Schottland Truppen anwarben, nannte man diese Söldner *gall-óglaigh*, «ausländische Krieger», was dann in der Form *galloglasses* ins Englische übernommen wurde.

Gefolgsmann. Als ein keltisches Wort für «Gefolgsmann» erwähnt Iulius Caesar (*Der Gallische Krieg* 6,16,2) die Bezeichnung *ambactus* (keltisch *ambaktos). Der Grammatiker Servius übersetzt diesen Begriff mit lateinisch *servus* «Diener» und deutet ihn etymologisch richtig als *circumactus* «Herumgesandter». Das Wort erscheint als Eigenname auch auf gallischen Münzen und entwickelte sich im Kymrischen zu *amaeth* «Ackerbauer». Auf einer frühen Entlehnung ins Germanische beruht das deutsche Wort «→Amt» (SCHMIDT 1957: 122, DELAMARRE 2001:35). Eine weitere Bezeichnung mit ähnlicher Bedeutung war *wassos (woraus irisch *foss* und kymrisch *gwas*). Im Festlandkeltischen findet man das Wort in den zusammengesetzten Personennamen *Dagovassus* (→gut) und *Vassorix* (→König) sowie in der Bezeichnung *Vassocaletis* (→hart) als Name eines Gottes, den man mit dem römischen Mercurius gleichsetzte. Das keltische Wort erscheint im Mittellateinischen seit dem 6. bzw. 9. Jahrhundert in den Formen *vassus* und *vasallus* (→Vasall). Auf einer Ableitung *wassellitus beruht französisch *valet* «Diener» (SCHMIDT 1957:285, DELAMARRE 2001:258 f.).

Geheimnis. Als ein keltisches Wort für «Geheimnis» rekonstruiert man *rūno-* (woraus irisch *rún* und kymrisch *rhin*), das in den gallischen Personennamen *Cobrunus*, *Cobruna* und wohl auch *Sacruna* (durch Silbenkürzung aus *Sacroruna*) bezeugt ist. Ihm entspricht germanisch *rūnō*, das in der Form *runa* im Gotischen als Übersetzung des griechischen Wortes *mystērion* begegnet. Bis heute erhalten hat sich im Deutschen die Ableitung *raunen* «heimlich und leise reden», wohingegen das dazugehörige Substantiv mittelhochdeutsch *rūne* bereits vor dem Übergang des *ū* zu *au* ausstarb (DELAMARRE 2001: 102).

Geisel. Dem deutschen Wort *Geisel* entsprechen auf keltischer Seite irisch *gíall* und kymrisch *gwystl*, die man auf eine ältere Form **geistlo-* zurückführt. Im Festlandkeltischen findet man mit der Vorsilbe **kom-* die Schreibungen *Congeistli* (Genitiv) und *Cocestlus*, die der Form und wohl auch der Bedeutung nach mittelkymrisch *cyngwystl*, *cywystl* «wechselseitig ausgetauschte Geisel» entsprechen. Das Wort *Geißel* «Stab mit Riemen oder Schnüren» ist dagegen von **gaiza-*, der germanischen Entsprechung des keltischen Wortes für «→Speer», abgeleitet (SCHMIDT 1957:216, DELAMARRE 2001:104).

gelb. Als ein keltisches Wort für «gelb» rekonstruiert man **melinos*. Es begegnet als Personenname in den Formen *Melinus* und *Melina* und lebt bis heute fort in kymrisch *melyn*. Die Grundbedeutung des Wortes war vielleicht «honigfarben», nach dem in irisch *mil* und kymrisch *mêl* bezeugten indogermanischen Wort für «Honig» (DELAMARRE 2001:190).

Genf trug in der Antike den Namen *Genava*. Man deutet ihn als Ableitung von einem keltischen Wort für «→Mund» und bezieht ihn auf die Lage der Stadt am Ausfluß der Rhône aus dem Genfer See. Dasselbe Wort begegnet in dem mit keltisch *are* «→vor» zusammengesetzten Namen *Aregenua*, der in der Antike den Vorläufer der heutigen Stadt Vieux bei Caen im Département Calvados bezeichnete (DELAMARRE 2001:149).

Gesellschaftsordnung. Unsere Kenntnis des keltischen Wortschatzes aus dem Bereich der Gesellschaftsordnung beruht auf einigen wenigen Mitteilungen antiker Autoren, entsprechenden Hinweisen in festlandkeltischen Inschriften und Rückschlüssen aus der Begrifflichkeit der mittelalterlichen inselkeltischen Sprachen. Sie ist dementsprechend lückenhaft und erlaubt im übrigen auch bei entsprechender Berücksichtigung der Etymologie nur relativ allgemeine Vermutungen im Hinblick auf den Inhalt der betreffenden Bezeichnungen, d.h. auf die einzelnen Funktionen ihrer Träger. Bekannt sind uns das keltische Wort für «→Volk» oder «Stamm» sowie Wörter für «→König», «→Fürst», «→Gefolgsmann», «→Krieger» und «→Sklave». Als gelehrte Entlehnungen aus dem Lateinischen findet man im Deutschen ferner die keltischen Bezeichnungen des Priesters (→Druide) sowie des Dichters und Sängers (→Barde).

Gespann. Aus den Wörtern für «→Pferd» (**epo-*) und «Fahrt, Lauf» (**rēdo-*) bildeten die Kelten die Bezeichnung **eporēdo-* «(Pferde-)Gespann». Man findet sie in dem zusammengesetzten Personennamen *Eporedorix* (→König) sowie in dem Ortsnamen *Eporedia* (heute Ivrea bei Turin). In mittelalterlichen irischen Texten begegnet das Wort in der Form *echrad*. Ein keltisches Lehnwort ist lateinisch *epiraedium* als Bezeichnung des Zugseils einer Kutsche (SCHMIDT 1957:209f., EVANS 1967: 90–92, DELAMARRE 2001:137 und 216).

Ginster. Als ein keltisches Wort für «Ginster» rekonstruiert man **banatlo-* (woraus kymrisch *banadl*). Vermutlich durch Umstellung entstand daraus die Form **balatno-*, die in französisch *balai*, «Besen», sowie in einigen französischen Dialekten in der Bezeichnung des Ginsters als *balan* oder *balain* weiterlebt (LAMBERT 1994:187, DELAMARRE 2001:55 f., GRZEGA 2001:74).

Gott. Als Sprecher einer indogermanischen Sprache benutzten die Kelten das indogermanische Wort für «Gott», **deiwos*, das mit der Bezeichnung des hellen Tages (lateinisch *dies*) und mit dem Namen des Himmelsgottes (altindisch *Dyaus*, altgriechisch *Zeus* und lateinisch *Iovis* bzw. *Iuppiter*) zusammenhängt. Aus indogermanisch **deiwos* entstanden unter anderem altindisch *deva-*, lateinisch *deus* und keltisch **dēwo-* (woraus irisch *día* und kymrisch *duw*). Im Germanischen findet man statt dessen Fortsetzungen eines in dieser Bedeutung nur hier belegten Wortes (gotisch *guþ*, deutsch *Gott*, englisch *god*), während **deiwos* nur noch im Eigennamen des Gottes *Ziu/Týr*, in englisch *Tuesday* «Dienstag» und in dem altnordischen Plural *tívar* «Götter» bezeugt ist. Keltisch **dēwo-* lebt bis heute fort im Namen des Ortes →Dewangen und in dem des Flusses →Dee. In antiken Texten bezeugt sind ferner die keltiberischen Ortsnamen *Deobriga* und *Deobrigula* (vgl. →Festung) sowie in Gallien *Divodurum* als Name der heutigen Stadt Metz. Als erster Bestandteil festlandkeltischer zusammengesetzter Personennamen begegnet das Wort unter anderem in den Formen *TeiuoŕeiCiś* (→König) und *Devognata* (→Zeugung). Aus einer bei Vercelli gefundenen zweisprachigen gallisch-lateinischen Inschrift kennt man ferner das aus den Wörtern für «Gott» und «→Mensch» zusammengesetzte Adjektiv TEUOXTONION mit der Bedeutung «Göttern und Menschen zugehörig» (SCHMIDT 1957:190f., EVANS 1967:191–193, RIVET u. SMITH 1979:336–338, DELAMARRE 2001:118f.).

grau. Ein keltisches Wort für «grau» war **lēto-* (woraus kymrisch *llwyd* und irisch *liath*). Es lebt fort im Namen der Stadt

Lichfield in Staffordshire, der auf einer älteren Form *Lyccidfeld* beruht und in seinem ersten Bestandteil auf die antike Bezeichnung *Letocetum* «grauer →Wald» zurückgeht (RIVET u. SMITH 1979:387f., DELAMARRE 2001:168).

groß. Das am häufigsten bezeugte keltische Wort für «groß» ist *$m\bar{a}ro$- (woraus irisch *mór* und kymrisch *mawr*). Man findet es in zahlreichen zusammengesetzten Personennamen wie etwa *Brogimarus* (→Land), *Catumarus* (→Schlacht), *Dagomarus* (→gut), *Nertomarus* (→Kraft) und *Segomarus* (→Sieg). Damit verwandt ist das germanische Namenelement *-mar* in Namen wie *Dietmar* und *Volkmar* (SCHMIDT 1957:238f., EVANS 1967:223–228, DELAMARRE 2001:184). Ein weiteres keltisches Wort mit der Bedeutung «groß» war *ollo- (woraus irisch *oll* «groß, umfassend» und kymrisch *oll* «völlig»). Man findet es in den zusammengesetzten Personennamen *Bituollus* (→Welt), *Ollodagus* (→gut) und *Ollognatus* (→Zeugung). Darüber hinaus begegnet in einer lateinischen Weihinschrift die vermutlich mit einem Wort für «→Volk» zusammengesetzte Dativ-Form *Matribus Ollototis* (SCHMIDT 1957:250f., EVANS 1967:237–238, DELAMARRE 2001:203).

gut. Ein keltisches Wort für «gut» war *dago- (woraus altirisch *dag*, kymrisch *da*). Man findet es in unterschiedlichen Schreibungen in den zusammengesetzten Personennamen *Dagobitus*, *Bitudaccus*, *Bitudaga* und *Betudaca* (→Welt), *Dagodurnus* (→Faust), *Dagomarus* und *Dacomarus* (→groß), *Dagorix* (→König), *Dacotoutus* (→Volk) und *Dagovassus* (→Gefolgsmann). Auf keltisch *dago- beruht auch die Vorsilbe *dea*- in irischen Wörtern wie *dea-ainm* «guter Name» und *dea-dhuine* «guter Mensch» (SCHMIDT 1957:186f., EVANS 1967:188 f., DELAMARRE 2001). Der Name *Dagobert* ist demgegenüber germanischer Herkunft und enthält als Vorderglied das Wort *Tag*. Das heute übliche irische Wort für «gut», *maith*, entspricht kymrisch *mad* und geht zurück auf keltisch **mati-*, das festlandkeltisch unter anderem in dem Personennamen *Comatimara* (→groß) bezeugt ist (SCHMIDT 1957:239f., DELAMARRE 2001:186f.).

Haar. Ein keltisches Wort für «Haar(-tracht)» vermutet man im Hinblick auf irisch *buidechas* «blondgelockt» im zweiten Bestandteil der gallischen Stammesnamen *Bodiocasses*, *Durocasses*, *Tricasses* und *Viducasses*, die in den modernen Ortsnamen →Bayeux, Dreux, →Troyes und Vieux weiterleben. Diese Erklärung erscheint zwar grundsätzlich denkbar, doch könnte sich hinter dem Element *-casses* – nicht zuletzt im Hinblick auf gallische Personennamen wie etwa *Cassignatus* oder *Cassivellaunus* – in einigen Fällen auch ein anderes Wort verbergen (SCHMIDT 1957:165f., EVANS 1967:167–171, DELAMARRE 2001:93f.).

Hahn. Als keltische Bezeichnung des Hahns rekonstruiert man **kaliākos* (woraus irisch *coileach* und kymrisch *ceiliog*). Dabei handelt es sich um die Ableitung von einer Wurzel mit der Bedeutung «ausrufen» (lateinisch *calō*, griechisch *kaléō*), die sich ebenso wie deutsch *Hahn* (verwandt mit lateinisch *canō* «singen») auf das charakteristische Schreien des Vogels bezieht (DELAMARRE 2001:83).

Hammer. Ein keltisches Wort für «Hammer» war **ordo-* (woraus irisch *ord* und kymrisch *gordd*). Man findet es in dem mit einem Wort für «→Kämpfen» zusammengesetzten Namen des britannischen Stammes der *Ordovices* «Hammer-Kämpfer» (SCHMIDT 1957:252, RIVET u. SMITH 1979:434, DELAMARRE 2001:206).

Hand. Eine keltische Entsprechung des lateinischen Wortes *palma* «(flache) Hand» liegt vor in irisch *lámh* und kymrisch *llaw* «Hand», die man auf altkeltisch **lāmā* zurückführt (DELAMARRE 2001:165). Altirisch *bos* oder *bas* führt man zurück auf keltisch **bostā*, das in der Zusammensetzung **ambibostā* den aus zwei Handflächen gebildeten Hohlraum bezeichnete und in dieser speziellen Bedeutung unter anderem in piemontesisch *ambosta* und katalanisch *almosta* weiterlebt (DELAMARRE 2001:36f., GRZEGA 2001:60).

hart. Ein keltisches Wort für «hart» war **kaleto-* (woraus altirisch *calad* und kymrisch *caled* «hart»). Man findet es in den Stammesnamen *Calites* «die Harten» und *Ancalites* «die sehr Harten», ferner in dem zusammengesetzten Götternamen *Vassocaletis* (vgl. →Gefolgsmann). Das Wort lebt fort im Namen der Stadt Chalenton (Indre-et-Loire), der im 6. Jahrhundert in der Form *Calatonno* bezeugt ist und auf **kaleto-dūnon* (vgl. →Festung) zurückgehen dürfte (SCHMIDT 1957:160, RIVET u. SMITH 1979:250, DELAMARRE 2001:83).

Haubenlerche. Die nach ihrem Federschopf sogenannte Haubenlerche nannten die Kelten dem Zeugnis antiker Autoren zufolge *alaudā* (vgl. Sueton, *Caesar* 24). Das Wort lebt fort in verschiedenen romanischen Bezeichnungen des Vogels (französisch *alouette*, italienisch *allodola*, spanisch *alondra*), hat sich in den inselkeltischen Sprachen jedoch nicht erhalten (im Irischen heißt die Haubenlerche *fuiseog*). Den Römern wurde es dadurch bekannt, daß Caesar während des Gallischen Krieges auf eigene Rechnung und ohne Zustimmung des Senats aus transalpinischen Galliern eine eigene Legion aufstellte, deren Soldaten man in Anspielung auf die Federbüsche ihrer Helme *Alaudae* nannte (LAMBERT 1994:186, DELAMARRE 2001:31f.).

Haus. Ein keltisches Wort für «Haus» war **tegos* (woraus irisch *teach* und kymrisch *tŷ*). Abgeleitet von einer Wurzel mit der Bedeutung «bedecken», ist es verwandt mit deutsch *Dach*, der lateinischen Gewandbezeichnung *toga* und den Lehnwörtern englisch *tile*, französisch *tuile* und deutsch *Ziegel* (alle aus lateinisch *tegula* «Dachziegel»). Aus **tego-slougos*, einer Zusammensetzung der beiden Wörter für «Haus» und «Schar» (vgl. →Heer) entstand das inselkeltische Wort für «→Familie».

Haustiere spielten für die durchweg agrarisch ausgerichteten keltischen Kulturen von jeher eine wichtige Rolle. Unmittelbar bezeugt oder durch Sprachvergleich rekonstruierbar sind die Wörter für →Hahn, →Hund, →Pferd, →Rind, →Schaf, →Schwein, →Stier und →Ziege.

Heer. Ein keltisches Wort für «Heer» war **budīnā* (woraus irisch *buíon* und kymrisch *byddin*). Man findet es in dem Götternamen *Budenicus*, der auf einer gallorömischen Weihinschrift aus Uzès im Département Gard den Gott Mars als «zur Truppe gehörig» (lateinisch *militaris*) kennzeichnete, sowie in dem Volksnamen *Budenicenses*, der in dem modernen Ortsnamen Bezouce weiterlebt. In der Form *bodina* aus dem Gallischen ins Lateinische entlehnt, erhielt das Wort im Mittelalter die Bedeutung «Grenzstein» (woraus französisch *borne*), vermutlich weil sich die Ursprungsbedeutung von «Truppe» über «Grenztruppe» zu «Grenze» verschoben hatte. Davon abgeleitet ist unser Wort *abonnieren* (aus französisch *abonner*), das ursprünglich den dauerhaften Bezug bestimmter Leistungen bis zu einer zeitlichen Grenze bezeichnete (LAMBERT 1994: 189, DELAMARRE 2001:79). Ein weiteres keltisches Wort für eine bewaffnete Streitmacht war *korjo- (woraus altirisch *cuire* und mittelkymrisch *cordd*), dessen germanische Entsprechung *harjaz in unserem Wort *Heer* weiterlebt. Man findet es in den gallischen Stammesnamen *Tricorii* (→drei), *Petrucorii* (→vier) und *Coriossedenses* (→Sitzen) sowie in dem Ortsnamen *Coriovallum* (→Heerlen). In einer lateinischen Inschrift aus dem römischen Britannien begegnet die Form *Corionototarum*, die man als Genitiv Plural eines Wortes *korjonotōtā deutet. Dabei handelt es sich vermutlich um eine Zusammensetzung aus dem Wort für «→Volk» und einem Wort *korjono-, das man als «Heerführer» interpretieren kann. Etymologisch und der Bedeutung nach entsprechen ihm griechisch *koíranos* «Anführer, Herrscher» und altnordisch *Herjann* als Beiname des Gottes Odin (Rivet u. Smith 1979:318f. und 322, Delamarre 2001:104f.). Als Bezeichnung einer bewaffneten Schar begegnet ferner *slougo- (woraus altirisch *slóg* und kymrisch *llu*), das festlandkeltisch im Namen des belgischen Stammes der *Catuslugi* (→Schlacht) bezeugt ist. Auf dem schottisch-gälischen Ausdruck *sluagh-ghairm* «Heer-Schrei» beruht unser Fremdwort →*Slogan*. Wie litauisch *slaugà* «Dienst» und altkirchenslawisch *sluga* «Diener» vermuten lassen, bezeichnete *slougo- ursprünglich das bewaffnete Gefolge eines Herrschers. Diese Bedeutung hatten im Inselkeltischen auch irisch *teaghlach* und kymrisch *teulu* (aus *tegosougos*), die heute jedoch «→Familie» bedeuten (Delamarre 2001:234).

Heerlen in den Niederlanden hieß in der Antike *Coriovallum*. Zugrunde liegt der keltische Name *Korjowaljon, eine Ableitung von dem aus zwei Wörtern für «→Heer» und «→stark» zusammengesetzten Personennamen *Korjowalos. Im Zuge der Romanisierung wurde der zweite Bestandteil volksetymologisch an lateinisch *vallum* «Wall» angeglichen (vgl. →Carlisle). Den gleichen Namen vermutet man hinter der Form

Coriallum, die im 6. Jahrhundert als Bezeichnung der Stadt Cherbourg belegt ist (RIVET u. SMITH 1979:317).

Heidekraut. Ein keltisches Wort für «Heidekraut» war **wroiko-* (woraus irisch *fraoch* und kymrisch *grug*). Aus dem Gallischen ins Lateinische übernommen wurde das Wort in den Formen **brūca* (woraus provençalisch *bruga*) und *brūcāria* (woraus französisch *bruyère*). Es lebt fort in zahlreichen französischen Ortsnamen wie Bruch, Bruges, Brugère, Bruguière und Bruyère (RIVET u. SMITH 1979:283f., LAMBERT 1994:191, DELAMARRE 2001:276).

heilig. Ein keltisches Wort für «heilig» war **sakro-*. Man findet es in den zusammengesetzten Personennamen *Sacrobena* (→Frau) und *Sacrovirus* (→Mann) sowie in dem Namen *Sacruna*, der vermutlich durch Silbenkürzung aus **Sacroruna* (→Geheimnis) entstand. Wie kymrisch *hagr* «häßlich» als inselkeltische Fortsetzung von **sakro-* vermuten läßt, bedeutete das Wort – ebenso wie lateinisch *sacer* – nicht nur «einem Gott geweiht», sondern zugleich «verflucht» und daher «abscheulich» (SCHMIDT 1957:262f., MAIER 1987, DELAMARRE 2001: 224).

Heiligtum. Ein keltisches Wort für «Heiligtum» war *nemeton*. Man findet es in dieser Schreibung in einer mit griechischen Buchstaben geschriebenen gallischen Inschrift aus Vaison im Département Vaucluse (jetzt im Musée Calvet in Avignon), wo von der Weihung eines Heiligtums für die Göttin Belisama durch einen Bürger der Stadt Nîmes die Rede ist. Wie das sprachverwandte lateinische Wort *nemus* «Wald» vermuten läßt, bezeichnete *nemeton* ursprünglich einen Heiligen Hain, wie denn auch Strabon (*Erdkunde* 12,5,1) von einem *drynaimeton* «Eichenhain» als Versammlungsort der kleinasiatischen Galater berichtet (vgl. →Eiche). Inschriftlich und/oder literarisch bezeugt sind eine Göttin *Nemetona* («die zum Heiligtum Gehörige»), der Personenname *Nemetogena* (→Zeugung) sowie die Ortsnamen *Augustonemetum* (jetzt Clermont-Ferrand), *Medionemetum* (→Mitte), *Nemetacum* (jetzt →Arras), *Nemetobriga* (→Festung) und **Nemetodurum* (jetzt →Nanterre). Im Altirischen begegnet *nemed* als Übersetzung des lateinischen Wortes *sacellum* «kleine Kapelle». In juristischen Texten bedeutet das Wort häufig soviel wie «Privileg» oder «privilegierter Status» und bezeichnet daher auch die privilegierte Person (LAMBERT 1994:84f., MAIER 1994:248f., DELAMARRE 2001:197f.).

Helvetier. Der Name des keltischen Volks der Helvetier bedeutete im Hinblick auf altirisch *il* «viel» (über altkeltisch **elu-* aus indogermanisch **pelu-*, woraus auch deutsch *viel*) und *íath* «Land» (aus **ētu-*) vielleicht «die Landreichen». Den zweiten Bestandteil des Namens findet man vermutlich auch in dem zusammengesetzten Personennamen *Suetius* (SCHMIDT 1957:203f., DELAMARRE 2001:141f.).

Hirsch. Die mit althochdeutsch *hiruz* und lateinisch *cervus* sprachverwandte keltische Bezeichnung des Hirschs war **karwo-* (woraus kymrisch *carw*). Sie lebt fort im Namen des Gebirgszugs der Karawanken, der bei dem Geographen Klaudios Ptolemaios als *Karauankas oros* bezeugt ist. Von **karwo-* abgeleitet ist vermutlich der Name des britannischen Stammes der *Carvetii* in der Umgebung von →Carlisle (RIVET u. SMITH 1979:301f., DELAMARRE 2001:92).

Hose. Das keltische Wort für «Hose» war **brākā*. Es begegnet bei antiken Autoren (vgl. Diodor von Sizilien 5,30,1) zumeist in den latinisierten Pluralformen *bracae* oder *braces* und lebt mit teilweise abgewandelter Bedeutung fort in verschiedenen romanischen Sprachen (italienisch *braca*, französisch *braye*, spanisch und portugiesisch *braga*). Germanisch **brōka-* (woraus altnordisch *brókr*, althochdeutsch *bruoh*, altenglisch *brōc* und neuenglisch *breeches*) ist entweder ein keltisches Lehnwort oder wurde seinerseits zu einem frühen Zeitpunkt ins Keltische entlehnt. Irisch *bróg* «Schuh»(woraus das englische Lehnwort *brogue* «derber, fester Schuh») geht nicht auf das Altkeltische zurück, sondern wurde im Mittelalter aus dem Altenglischen oder Altnordischen entlehnt. Die Hose galt – im Gegensatz zur römischen Toga – als typisch keltisches Kleidungsstück, weshalb lateinisch schreibende Autoren die Kelten gelegentlich als *bracati* «Behoste» und das südliche Gallien als *Gallia bracata* bezeichnen (LAMBERT 1994:190, DELAMARRE 2001:72).

Hürde. Wie die sprachverwandten Wörter gotisch *haurds* «Tür», lateinisch *crātis* «Flechtwerk» und griechisch *kártallos* «Korb» vermuten lassen, bezeichnete deutsch *Hürde* zunächst ein Flechtwerk oder Geflecht und sodann den davon umschlossenen Raum. Das keltische Wort für «Hürde» war **klētā*. Es lebt fort in französisch *claie* «Gitter, Rost, Hürde, Flechtwerk» sowie in kymrisch *clwyd* und irisch *clíath* «Hürde». *Baile Átha Clíath* «Stadt der Hürden-Furt» ist der offizielle irische Name der Stadt →Dublin (DELAMARRE 2001: 99).

Hund. Hunde waren dem Zeugnis der Archäologie und antiken Literatur zufolge als Haustiere bei den Kelten weit verbreitet. Das keltische Wort für «Hund» lautete im Nominativ vermutlich **kū* (woraus irisch *cú*, kymrisch *ci*, sprachverwandt mit griechisch *kýōn* und deutsch *Hund*). Es begegnet in den altkeltischen Sprachen jedoch vor allem als Vorderglied zusammengesetzter Personennamen in der Stammform **kuno-*. Aus Inschriften und antiken Literaturwerken kennt man die Namen *Cunobarrus* (→Kopf), *Cunobelinus* (→Bil-

senkraut), *Cunopennus* (→Kopf) und *Cunovalus* (→stark). Da
«Hund» in den inselkeltischen Sprachen und Literaturen des
Mittelalters häufig in der metaphorischen Bedeutung «Krieger» verwendet wurde, spielte das Wort auch in der irischen
Personennamengebung eine wichtige Rolle. Neben *Conbarr*
und *Barrchú* als Entsprechungen von *Cunobarrus* sowie
Conall als Entsprechung von *Cunovalus* findet man *Branchú*
und *Conbran* (→Rabe), *Cathchú* und *Conchad* (→Schlacht),
Clothchú (→Ruhm), *Conáed* (→Feuer), *Conbrocc* (→Dachs),
Conmáel und *Máelchú* (→Fürst), *Conrai* (→König), *Ferchú*
(→Mann) und *Muirchú* (→See), wobei viele dieser Namen im
Kymrischen und Bretonischen genaue Entsprechungen finden. Auch außerhalb des keltischen Sprachraums geläufig ist
die aus kymrisch *cor* «Zwerg» und *ci* «Hund» zusammengesetzte Bezeichnung *Corgi* als Name einer dackelähnlichen
walisischen Hunderasse (SCHMIDT 1957:186, MCCONE 1987,
UHLICH 1993:174f., 185, 203, 209–220, 245f., 275f. und 281,
DELAMARRE 2001:110). Dem antiken Autor Arrian zufolge
bezeichneten die Kelten besonders flinke Jagdhunde als *ouertragoi* (Plural). Dabei handelt es sich augenscheinlich um
die Gräzisierung eines keltischen Wortes **wertragos*, das
aus einem Wort für «→Fuß» und einer steigernden Vorsilbe
«→über» gebildet ist. Über das Lateinische gelangte die Bezeichnung ins Altfranzösische, wo sie in den Schreibungen
veltre und *vautre* erscheint (LAMBERT 1994:200, DELAMARRE
2001:266).

hundert. Die keltische Fortsetzung des indogermanischen
Zahlworts «hundert» (lateinisch *centum*, griechisch *hekatón*,
altindisch *śatam*, altirisch *cét*, kymrisch *cant*) ist bereits festlandkeltisch, und zwar im Keltiberischen, in der Schreibung
kantom bezeugt. Den Wortstamm **kanto-* vermutet man in
mehreren zusammengesetzten Personennamen wie *Cantorix*
(→König) und *Cantosenus* (→alt), doch könnte hier auch der

altkeltische Vorläufer des kymrischen Wortes *cant* «(Rad-)Reifen» vorliegen. Entsprechend schwierig zu beantworten ist die Frage nach der Etymologie der mit **kanto-* zusammengesetzten altkeltischen Ortsnamen, da man sie häufig sowohl als «Kreis» wie auch als «Hundertschaft» deuten kann. Bis heute lebendig sind der antik als *Cantium* bezeugte Name der südostenglischen Landschaft Kent, die im Mittelalter in der Schreibung *Cantogilum* bezeugten französischen Ortsnamen Chanteau und Chanteuges (aus **kanto-ialum*, vgl. →Lichtung) sowie der Name Chanturgue im Département Puy-de-Dôme, der im 6. Jahrhundert als *Cantobennicus mons* (vgl. →Berg) bezeugt ist (SCHMIDT 1957:162, RIVET u. SMITH 1979:297–299, DELAMARRE 2001:89).

Jublains im französischen Département Mayenne heißt nach dem keltischen Stamm der *Diablintes*. Der alte Name der Stadt begegnet bei dem Geographen Klaudios Ptolemaios in der Form *Noiodounon*, einer Zusammensetzung aus zwei keltischen Wörtern für «→neu» und «→Festung» (vgl. →Nyon).

K

Kämpfen. Eine indogermanische Wurzel mit der Bedeutung «Kämpfen» (verwandt mit lateinisch *vincere* «besiegen» und gotisch *weihan* «kämpfen») begegnet in altirisch *fichid* «kämpft». Im Festlandkeltischen findet man sie im Nominativ Plural in der Schreibung *-vices* als Hinterglied mehrerer zusammengesetzter Stammesnamen wie *Brannovices* (→Rabe), *Eburovices* (→Eibe), *Gabrantovices* (→Ziege), *Lemovices* (→Ulme) und *Ordovices* (→Hammer). Darüber hinaus erscheint sie im Nominativ Singular *-vix* oder in der Stammform **vico-* in Personennamen wie *Brigovix*, *Diovicus*, *Divica*, *Diviciacus* und *Divico* (EVANS 1967:281–285, DELAMARRE 2001:267).

Kante. Deutsch *Kante* «Rand» und *Kanten* «rundes Endstück des Brots» gehen über altfranzösisch *cant* «Ecke» zurück auf lateinisch *cantus* «eiserner Radreifen», das der antike Grammatiker Quintilian als ein Fremdwort afrikanischer oder spanischer Herkunft ansah, das in Wirklichkeit aber wohl aus dem Keltischen stammt (vgl. kymrisch *cant* «Reifen» und bretonisch *cant* «Kreis»). Davon abgeleitet ist französisch *canton* «Landbezirk», das in der eingedeutschten Form *Kanton* seit dem 16. Jahrhundert die einzelnen Staaten der Schweizerischen Eidgenossenschaft bezeichnet (DELAMARRE 2001:89).

Karren und *Karre* geht über lateinisch *carrus* zurück auf keltisch **karro-* (→Wagen).

Kempten im Allgäu trug in der Antike den Namen *Cambodunum*, den man als eine Zusammensetzung aus zwei Wörtern für «→krumm» (als Bezeichnung einer Flußbiegung) und «→Festung» interpretiert.

Kessel. Wie archäologische Funde und mittelalterliche inselkeltische Literaturwerke zeigen, spielten Kessel aus Eisen oder Bronze im Kult und in der Mythologie der Kelten eine wichtige Rolle (MAIER 1999d). Ein keltisches Wort für «Kessel» war *k^wario-* (woraus irisch *coire*) bzw. *$pario$-* (woraus kymrisch *pair*). Die Bezeichnung entspricht unter anderem altindisch *caru-* und altnordisch *hverr* und gelangte aus dem Keltischen über das Lateinische in verschiedene romanische Sprachen, wo sie unter anderem in provençalisch *pairol* und italienisch *paiolo* weiterlebt (DELAMARRE 2001:208f.).

Kleidung. Die Kleidung der Kelten wird von antiken Autoren vergleichsweise ausführlich geschildert (vgl. besonders Diodor von Sizilien 5,30f.) und ist auch durch Textilreste im archäologischen Fundgut sowie aus antiken bildlichen Darstellungen bekannt. Mehrere Wörter für «→Hose» und «→Mantel» wurden ins Lateinische übernommen und sind dadurch noch heute in verschiedenen romanischen Sprachen geläufig. Das keltische Wort für «→Wolle» gelangte über das Kymrische ins Englische und von dort in zahlreiche weitere europäische Sprachen.

König. Die keltische Entsprechung des lateinischen Wortes *rēx* «König» lautete *$r\bar{\imath}gs$* (woraus irisch *rí*, kymrisch *rhi*). Sie begegnet in der Schreibung *-rix* als Hinterglied zahlreicher zusammengesetzter Personen- und Götternamen wie etwa *Albiorix*, *Biturix* und *Dumnorix* (→Welt), *Boiorix* (→Böhmen), *Camulorix*, *Cingetorix*, *Vercingetorix* und *Lugurix* (→Krieger), *Cantorix* (→hundert), *Caturix* (→Schlacht), *Dagorix* (→gut), *Gesatorix* (→Speer), *Magurix* (→Sklave), *Segorix* (→Sieg), *Senorix* (→alt), *Toutorix* (→Volk) und *Vassorix*

(→Gefolgsmann). Sehr wahrscheinlich bezeichnete *-rix* in diesen Namen jedoch nicht durchweg einen «König», sondern hatte eine abgeschwächte Bedeutung (etwa: «reich an ...»). Die Pluralendung *-riges* begegnet in Stammesnamen wie etwa *Bituriges* (→Bourges) und *Caturiges* (→Chorges), die Stammform **rīgo-* in Ortsnamen wie etwa *Rigodounon* (→Festung), *Rigomagus* (heute →Remagen) und **Rigoialum* (→Lichtung). **Rīganī* «Königin», die weibliche Form von **rīgs* (woraus altirisch *rígain* «Königin» und kymrisch *rhiain* «Mädchen»), begegnet in der Schreibung *rigani* (Dativ) in einer mit lateinischen Buchstaben geschriebenen gallischen Inschrift auf einem Tongefäß aus Lezoux im Département Puy-de-Dôme (SCHMIDT 1957:260f., EVANS 1967:243–249, LAMBERT 1994: 145f., MCCONE 1998, DELAMARRE 2001:218 und 220f.).

Kopf. Ein keltisches Wort für «Kopf» war **k^wenno-* bzw. **penno-* (woraus irisch *ceann* und kymrisch *pen*). Man findet es in dem Personennamen *Cunopennus* (vgl. →Hund) sowie in dem auf einer gallischen Münze mit griechischen Buchstaben geschriebenen Namen *Pennoouindos*, einer festlandkeltischen Entsprechung der inselkeltischen Adjektive mittelirisch *cenann* und kymrisch *penwyn* «weißköpfig». Das Wort begegnet auch (im Genitiv) in einer frühirischen Ogam-Inschrift in der Form *Qvenvendani* und lebt vielleicht fort im Namen des Ortes Pavant im französischen Département Aisne, der im 9. Jahrhundert in der Form *Penvennum* bezeugt ist und von dem Personennamen **Pennowindos* abgeleitet sein könnte. Antik bezeugt sind ferner die zusammengesetzten Ortsnamen *Pennelocus* als Bezeichnung eines Ortes bei Villeneuve am östlichen Ende des Genfer Sees (vgl. →See) sowie in Britannien *Pennocrucium* als Name der römischen Siedlung bei Water Eaton in Staffordshire. Letztere Bezeichnung lebt bis heute fort im Namen des nahegelegenen Ortes Penkridge (altenglisch *Pencric*) und dem davon abgeleiteten Flußnamen Penk

(SCHMIDT 1957:255, RIVET u. SMITH 1979:436f., DELAMARRE 2001:210). Als ein weiteres keltisches Wort für «Kopf» rekonstruiert man *barro-, das in irisch barr «Spitze, Gipfel» weiterlebt. Dabei findet der in Oberitalien bezeugte Name *Cunopennus* eine genaue Entsprechung in dem britannischen Namen *Cunobarrus*. Vermutlich bedeutete *barro- bereits im Festlandkeltischen wie noch heute im Irischen auch soviel wie «Gipfel» oder «Spitze». Eine entsprechende Bedeutung vermutet man unter anderem im Fall der französischen Städte Bar-le-Duc (im Département Meuse) und Bar-sur-Seine (im Département Aube), deren Namen mittelalterlich in den Formen *castro Barro* bzw. *Barris castro* überliefert sind (SCHMIDT 1957:144, DELAMARRE 2001:59). In der inselkeltischen Personennamengebung findet man (im Genitiv) altbritannisch *Vendubari* und *Barrivendi* als Entsprechungen der altirischen Namen *Findbarr* und *Barr(f)ind*, ferner die mit Wörtern für «→Hund» und «→Schlacht» zusammengesetzten altirischen Namen *Barrchú* und *Cathbarr* (UHLICH 1993:174f., 192 und 251).

Korb. Als eine britannische Gefäßbezeichnung erwähnt der lateinische Dichter Martial das Wort *bascauda*. Man verbindet es mit lateinisch *fascis* «(Ruten-)Bündel» und vermutet darin ein keltisches Wort für «Korb». Irisch *bascaed* und kymrisch *basged* gehen jedoch nicht direkt auf das Keltische zurück, sondern sind entlehnt aus englisch *basket*, dessen Herkunft unklar ist (DELAMARRE 2001:59).

Kraft. Ein keltisches Wort für «Kraft» war *nerto- (woraus irisch *nert* und kymrisch *nerth*). Dabei entspricht den inselkeltischen Adjektiven irisch *neartmhar* und kymrisch *nerthfawr* «kraftvoll» der festlandkeltische Personenname *Nertomāros* (→groß), der in seiner Bedeutung mit dem griechischen Personennamen *Megasthenēs* (von *mégas* «groß» und *sthénos* «Kraft») zu vergleichen ist. Gallisch *nerto- beegnet außerdem in dem Personennamen *Nertovalus* (→stark) sowie in dem Ortsnamen *Nertobriga* (→Festung). Damit verwandt ist vielleicht der Name der bei Tacitus (*Germania* 40,2) erwähnten germanischen Göttin *Nerthus* (SCHMIDT 1957:96–98 und 249, EVANS 1967:105f. und 237, DELAMARRE 2001:198f.).

Krieger. Ein keltisches Wort für «Krieger» war *kingets (woraus altirisch *cing*, Genitiv *cinged*). Es begegnet in der thematisierten Stammform *cingeto-* in den zusammengesetzten Personennamen *Cingetorix* (→König) und – mit vorangesetzter steigernder Vorsilbe «→über» – *Vercingetorix* (SCHMIDT 1957: 171, EVANS 1967:177–179, DELAMARRE 2001:98). Eine weitere Bezeichnung des Kriegers vermutet man in dem Wort *kamulo-, das in der Schreibung *Camulus*, in dem Ortsnamen *Camulodunum* (→Festung) sowie in mehreren Personen- und Götternamen wie etwa *Camulogenus*, *Camulognata* (→Zeugung) und *Camulorix* (→König) belegt ist (DELAMARRE 2001:86). Als metaphorische Bezeichnungen des Kriegers begegnen ferner das Wort für «→Hund» sowie das Wort *lugu-, das ursprünglich vielleicht «Luchs» bedeutete und bis heute im Namen der Stadt →Lyon weiterlebt (SCHMIDT 1957:160f., EVANS 1967:160f., MAIER 1997).

Kriegswesen. Über das keltische Kriegswesen sind wir dank ausführlicher Nachrichten der antiken Autoren und archäologische Funde besser unterrichtet als über viele andere Aspekte der keltischen Kultur und Gesellschaft. Neben verschiedenen Wörtern für «→Krieger» und «→Gefolgsmann» kennen wir Wörter für «→Schwert», und «→Speer», «→Heer», «→Kämpfen», und «→Schlacht». Zu erwähnen sind ferner einige militärische Ausdrücke im Zusammenhang mit Wörtern für «→Pferd» und «→Wagen».

krumm. Ein keltisches Wort für «krumm» war **kambo-* (woraus irisch und kymrisch *cam*). Es begegnet mit Bezug auf Flußbiegungen unter anderem in den zusammengesetzten Ortsnamen *Cambodunum* (→Festung) und **Kamboritum* (→Furt), die bis heute in den Namen Kempten bzw. Chambord weiterleben (DELAMARRE 2001:85).

Land. Ein keltisches Wort für «Land» oder «Gebiet» war **brogi-* (woraus irisch *brugh* «Wohnung, Wohnsitz» und kymrisch *bro* «Land, Bezirk» aus **brogā*). Wie die indogermanischen Parallelen lateinisch *margo* «Rand», persisch *marz* «Grenze, Land» und deutsch *Mark* «Grenze, Grenzland» zeigen, geht **brogi-* zurück auf eine ältere Form **mrogi-*, die man auch in altirisch *mruig* (mittelirisch *bruig*) wiederfindet. Im Festlandkeltischen findet man **brogi-* in den Stammesnamen *Allobroges* (→anderer) und *Nitiobroges* (→eigen) sowie in einigen zusammengesetzten Personennamen wie etwa *Brogimarus* und *Brogimara* (→groß). Die in der deutschsprachigen Keltologie übliche Bezeichnung der walisischen Sprache als «Kymrisch» geht zurück auf die kymrische Eigenbezeichnung *Cymraeg* aus **kom-brogi-kā* «Sprache der Landsleute» (SCHMIDT 1957:157, EVANS 1967:158–160, LAMBERT 1994:190, DELAMARRE 2001:77 f.). Ein weiteres keltisches Wort für «Land» war **landā*, das in altirisch *lann* «Stück Land» und kymrisch *llan* «Kirche, Kloster(-gelände)» vorliegt. Sprachverwandt mit deutsch *Land* und russisch *ljadá* «Brachland», gelangte das Wort in zahlreiche romanische Sprachen, wo es unter anderem in französisch *lande* «Heide, Ödland» sowie im Namen des französischen Départements *Landes* weiterlebt

(LAMBERT 1994:196, MAC MATHÚNA 1997, DELAMARRE 2001: 165).

Langres im französischen Département Haute-Marne heißt nach dem keltischen Stamm der *Lingones*, deren Namen man mit einem keltischen Wort für «springen» (altirisch *lingid*) verbindet (DELAMARRE 2001:171). Der ursprüngliche Name der Stadt war *Andematunnum*.

Lanze. Deutsch *Lanze* geht über französisch *lance* zurück auf lateinisch *lancea*, das man unter anderem auch in italienisch *lancia* wiederfindet. Die keltische Herkunft des Wortes zeigt eine Bemerkung des Historikers Diodor von Sizilien (5,30,4), derzufolge die keltischen Krieger die von ihm als *lankia* bezeichnete Waffe nicht zum Stoß, sondern zum Wurf benutzten. Darauf führt auch die Etymologie der Bezeichnung, die man mit einem altirischen Wort für «loslassen, werfen» verbindet (DELAMARRE 2001:165).

Leder als Bezeichnung der von Haaren befreiten und gegerbten Tierhaut geht ebenso wie irisch *leathar* und kymrisch *lledr* auf eine vorgermanische und vorkeltische Form **letro-* zurück. Zugrunde liegt vielleicht (mit keltischem Schwund des anlautenden *p*) eine ältere Form **pletro-*, die man mit altirisch *leth* «Seite» und kymrisch *lled* «Breite» vergleichen kann (HEIDERMANNS 2001). Dieser Etymologie zufolge hätte sich die ursprüngliche Bedeutung «(Körper-)Oberfläche» über «Haut» zu «Leder» entwickelt, wobei die germanische Verwendung des Wortes als Bezeichnung ausschließlich der gegerbten Haut eine Entlehnung aus dem Keltischen vermuten läßt.

Le Mans, Hauptstadt des französischen Départements Sarthe, hat ebenso wie die sie umgebende historische Grafschaft Maine ihren Namen vom keltischen Stamm der *Cenomani*.

Lichtung. Ein keltisches Wort für «Lichtung» war *ialo-* (woraus kymrisch *ial*). Das Wort begegnet im römischen Gallien häufig als Hinterglied zusammengesetzter Ortsnamen wie etwa *Argantoialo-* (→Silber), *Eburoialo-* (→Eibe), *Kassanoialo-* (→Eiche), *Lemoialo-* (→Ulme), *Māroialo-* (→groß), *Nantoialo-* (→Tal), *Wernoialo-* (→Erle) und *Windoialo-* (→weiß). Aus dem römischen Britannien kennt man einen Gott *Ialonus*, doch sind vergleichbare zusammengesetzte Ortsnamen dort nicht belegt. Ein hohes Alter der oben genannten gallorömischen Namen gilt daher als unwahrscheinlich (DELAMARRE 2001:156f.).

Lillebonne, Name einer Stadt im französischen Département Seine-Inférieure, geht zurück auf die antike Bezeichnung *Iuliobona*, eine Zusammensetzung aus dem römischen Namen *Iulius* und einem keltischen Wort für «Siedlung» (vgl. →Bonn).

Limeil, Name einer Stadt im französischen Département Seine-et-Oise, geht zurück auf *Lemoialo-*, eine Zusammensetzung aus zwei Wörtern für «→Ulme» und «→Lichtung». Den gleichen Ursprung haben vermutlich die Namen der Städte Limeuil im Département Dordogne und Lumeau im Département Eure-et-Loire.

Limoges, Hauptstadt des französischen Départements Haute-Vienne, hat ebenso wie die sie umgebende historische Provinz Limousin ihren Namen vom keltischen Stamm der *Lemovices*, deren Namen man auf zwei keltische Wörter für «→Ulme» und «→Kämpfen» zurückführt. Der alte Name der Stadt war *Augustoritum*, eine Zusammensetzung aus dem Namen des Kaisers Augustus und einem keltischen Wort für «→Furt».

Lincoln in Nordengland trug in der Antike den Namen *Lindum*, die latinisierte Form eines keltischen Wortes für «→See», das sich vermutlich auf die Sümpfe und Auen des Flusses Witham bezog. Der Name begegnet auch als Bezeichnung des römischen Kastells von Drumquhassle in Stirlingshire, Schottland (RIVET u. SMITH 1979:393f.).

Lisieux im französischen Département Calvados hat seinen Namen vom keltischen Stamm der *Lexovii*. Der ursprüngliche Name der Stadt war *Noviomagus*, eine Zusammensetzung aus zwei keltischen Wörtern für «→neu» und «→Ebene» (vgl. →Neumagen).

Lohr am Main ist vielleicht identisch mit dem antiken Ort, den der griechische Geograph Klaudios Ptolemaios unter dem Namen *Lokoriton* erwähnt. Dabei handelt es sich um eine Zusammensetzung aus zwei keltischen Wörtern für «→See» und «→Furt».

Lot, heute geläufig in der Bedeutung «Gewicht aus Blei», «Senkblei» und «Metallegierung zum Löten», bedeutete ursprünglich einfach nur «Blei» (so noch heute englisch *lead*) und erhielt seine Bedeutungsspezialisierung erst im Zuge der Verdrängung des Wortes durch *Blei*. Die germanische Form **lauda-* stammt vermutlich aus dem Keltischen, wo mittelirisch *lúaide* «Blei» bezeugt ist. Zugrunde liegt wahrscheinlich eine Ableitung von der indogermanischen Wurzel **pleu-* «fließen», die das Blei als das «fließende (Metall)» kennzeichnete.

Lyon, seit der Romanisierung Hauptstadt der drei gallischen Provinzen, wirtschaftlicher Mittelpunkt und Ort der ältesten christlichen Gemeinde Galliens, trug in der Antike den Namen *Lugudunum*. In der Nachfolge des französischen Keltologen Henri d'Arbois de Jubainville (1827–1910) deutete man ihn als «Festung des Gottes Lugus». Plausibler erscheint es jedoch, in dem auch inschriftlich bezeugten Element *Lugu-*

hier eine metaphorische Bezeichnung des Kriegers zu sehen und den häufigen Namen *Lugudunum* – ebenso wie *Camulodunum* – als «Festung der Krieger» zu interpretieren (MAIER 1996 und 1997).

Mailand (italienisch Milano) trug in der Antike den keltischen Namen *Mediolanum*, der unter anderem auch die Vorläufer der heutigen Städte Mâlain, →Évreux und →Saintes bezeichnete. In seinem ersten Bestandteil sieht man das keltische Wort für «→Mitte», doch ist das Element *-lanum* nicht sicher zu deuten. In Betracht kommen einerseits die keltische Entsprechung von lateinisch *planus* «flach, eben», die jedoch in dieser Bedeutung ansonsten nicht belegt ist, andererseits der festlandkeltische Vorläufer von irisch *lán* und kymrisch *llawn* «voll» (verwandt mit lateinisch *plenus*), wobei man jedoch eine uns unbekannte Nebenbedeutung des Wortes etwa im Sinne von «unversehrt» oder «heilig» annehmen müßte. Auffällig bleiben in jedem Fall die Häufigkeit des Namens in Gallien (gegenüber Britannien und der Iberischen Halbinsel) sowie der Umstand, daß sich das Element *-lanum* auf die Verbindung mit *Medio-* beschränkt und ansonsten in keltischen Ortsnamen keine Rolle spielt (EVANS 1967:215, RIVET u. SMITH 1979:415 f., DELAMARRE 2001:166).

Maine als Bezeichnung der historischen Grafschaft am Übergang des Pariser Beckens zum Armorikanischen Massiv hat ebenso wie der Hauptort →Le Mans seinen Namen vom keltischen Stamm der *Cenomani*.

Mancetter in Leicestershire trug in der Antike den keltischen Namen *Manduessedum*, der aus zwei Wörtern für «→Pferd» und «→Wagen» zusammengesetzt ist.

Mandeure im französischen Département Doubs erscheint in antiken Quellen unter dem Namen *Epomanduodurum*. Dabei handelt es sich vermutlich um die Zusammensetzung aus einem keltischen Wort für «→Festung» und einem Personennamen **Epomanduos* (vgl. →Pferd).

Mann. Ein keltisches Wort für «Mann» war **wiro-* (woraus irisch *fear* und kymrisch *gwr*, sprachverwandt mit lateinisch *vir* und althochdeutsch *wer*, bis heute geläufig in den Zusammensetzungen *Werwolf* und *Wergeld*). Es ist als Bestandteil von Personennamen und Ortsnamen in der latinisierten Schreibung *viro-* meist nicht von **wiro-* «wahr» zu unterscheiden, so daß ein Ortsname wie *Virodunum* (Verdun in Frankreich, Verduno in Italien, Verdú und Berdún in Spanien, Wirten in Deutschland) etymologisch undurchsichtig bleibt (SCHMIDT 1957:296–298, EVANS 1967:286–288, RIVET u. SMITH 1979:505f., DELAMARRE 2001:270).

Mantel. Unter den keltischen Wörtern für «Mantel» oder «Umhang», die infolge ihrer Übernahme ins Lateinische bis heute in verschiedenen romanischen Sprachen weiterleben, ist an erster Stelle **birros* «kurz» (woraus altirisch *berr* und kymrisch *byr*) zu nennen. Es bezeichnete in der latinisierten Form *birrus* einen kurzen Umhang mit Kapuze und lebt bis heute fort in deutsch →*Barett* (LAMBERT 1994:188, DELAMARRE 2001:65). Ebenfalls aus dem Keltischen stammt vermutlich die lateinische Bezeichnung des Kapuzenmantels als *cucullus*, die in französisch *cagoule* «(Mönchs-)Kutte» weiterlebt. Als «Kapuzenmantel eines Barden» begegnet bei dem römischen Dichter Martial (1,53,4f.) die zusammengesetzte Bezeichnung *bardocucullus* (vgl. →Barde). Im Inselkeltischen findet man altirisch *cochall*, das jedoch kein altes Erbwort darstellt, sondern im Zuge der Christianisierung aus dem Lateinischen entlehnt wurde (DELAMARRE 2001:109). Ein keltisches Lehnwort sah man bereits in der Antike in der Bezeichnung des römischen Soldatenmantels, der bei lateinischen Autoren *sagum*, bei griechischen *sagos* oder *sagon* heißt und unter anderem in französisch *saie* und spanisch *saya* weiterlebt. Als lateinisches Lehnwort erscheint *sagum* im Mittelirischen als *sái*, im Mittelhochdeutschen als *sei* (DELAMARRE 2001:224f.). Zu erwähnen ist schließlich noch keltisch *linnā (woraus altirisch *lenn* «Umhang» und kymrisch *llen* «Vorhang»), das im Lateinischen erstmals im 6. Jahrhundert bei Isidor von Sevilla in der Schreibung *linna* erscheint (DELAMARRE 2001:171).

Mareau, Name zweier Städte im Département Loiret, geht zurück auf keltisch **Māroialo-*, eine Zusammensetzung aus zwei Wörtern für «→groß» und «→Lichtung». Den gleichen Ursprung haben vermutlich die in Frankreich überaus häufigen Ortsnamen Mareil und Mareuil.

Marmagen in der Eifel erscheint in antiken Quellen unter dem Namen *Marcomagus*, einer Zusammensetzung aus zwei keltischen Wörtern für «→Pferd» und «→Ebene».

Marne. Der keltische Name der Marne war *Matrona*. Er ist mit dem für keltische Götternamen charakteristischen Wortbildungselement *-onos/-onā* von einem keltischen Wort für «→Mutter» abgeleitet und begegnet in einer lateinischen Weihinschrift aus der Nähe von Langres im Quellgebiet der Marne auch als Name einer Göttin. In der mittelalterlichen walisischen Literatur findet man als unmittelbare Fortsetzung davon den Namen *Modron*, der dort die Mutter eines Kindes mit Namen *Mabon* (vgl. →Sohn) bezeichnet. Der – davon zu unterscheidende – lateinische Plural *Matrōnae* (mit langem *o*) begegnet in lateinischen Weihinschriften der römischen Kaiserzeit häufig neben den gleichbedeutenden Wörtern *Matres* und *Matrae* zur Bezeichnung einer Dreizahl mütterlicher Gottheiten, die vor allem im keltisch-germanischen Grenzgebiet, aber auch in Südgallien, Oberitalien und im römischen Britannien verehrt wurden (MAIER 1994:227f. und 235).

Meaux im französischen Département Seine-et-Marne, hieß ursprünglich *Iatinum*. Ihren heutigen Namen verdankt die Stadt dem keltischen Stamm der *Meldi*.

Meer. Ein keltisches Wort für «Meer» war **mori-*, was wohl zugleich auch →See bedeuten konnte. Es ist sprachverwandt mit lateinisch *mare* und deutsch *Meer* und entwickelte sich im Inselkeltischen zu kymrisch *môr* und irisch *muir*. Im Festlandkeltischen begegnet das Wort in den Personennamen *Moritasgus* und *Moriregis* (Genitiv), in dem Stammesnamen *Morini* sowie in dem Namen *Aremorica* als lateinischer Bezeichnung der →Bretagne. Diese ist ebenso wie die lateinischen Ländernamen *Gallia* und *Britannia* vom latinisierten Namen der Landesbewohner, der *Aremorici*, abgeleitet. Dabei handelt es sich um jene gallischen Stämme, die *are* «vor» **mori-* «dem Meer», das heißt in unmittelbarer Nachbarschaft des Atlantischen Ozeans, siedelten. Diese Deutung findet man schon in jenem frühmittelalterlichen Verzeichnis gallischer Wörter mit lateinischen Entsprechungen, das nach seinem ersten Herausgeber unter dem Namen *Endlichers Glossar* bekannt ist: ‹*Aremorici*› *antemorini quia* ‹*are*› *ante,* ‹*more*› *mare,* ‹*morici*› *marini*. Eine augenfällige Entsprechung dazu bildet der slawische Name *Po-morjane* «Meeranwohner», der in der Landschaftsbezeichnung *Pommern* weiterlebt. Die vermutlich keltische Berufsbezeichnung *moritex* in einer kaiserzeitlichen lateinischen Inschrift aus Köln hat man nicht zuletzt im Hinblick auf kymrisch *mordwyo* «zur See fahren» als «Seemann» gedeutet (SCHMIDT 1957:245, EVANS 1967:232f., DELAMARRE 2001: 193f.).

Mensch. Ein keltisches Wort für «Mensch» war **gdonio-*, woraus irisch *duine* und kymrisch *dyn* entstanden sind (DELAMARRE 2001:148f.). Zu den uns bekannten keltischen Bezeichnungen einzelner Körperteile zählen die Wörter für →Auge, →Brust, →Faust, →Fuß, →Haar, →Hand, →Kopf und →Mund.

Merlin als Name einer Gestalt der Artus-Literatur geht zurück auf den kymrischen Namen *Myrddin*, den man im Mittelalter volksetymologisch aus dem Ortsnamen →Carmarthen erschloß. Dabei wurde die an sich zu erwartende Form **Merdinus* vermutlich wegen des Anklangs an französisch *merde* zu *Merlinus* verändert. Einen anderen Ursprung hat demgegenüber *Merlin* als Bezeichnung einer Falkenart (*Falco columbarius*). Zugrunde liegt hier französisch *merle* «Amsel», das über *merla* auf die gleichbedeutende lateinische Bezeichnung *merula* (und letztlich auf eine noch ältere, mit *Amsel* sprachverwandte Form **mesula*) zurückgeht.

Met. Einen frühen Beleg dafür, daß die Kelten neben →Bier auch Met tranken, lieferte die archäologische Untersuchung des 1968 entdeckten Fürstengrabs von Hochdorf bei Ludwigsburg. Dort fand man nämlich neben einem umfangreichen Speise- und Trinkgeschirr einen aus dem Mittelmeerraum importierten, 500 Liter fassenden Bronzekessel, der noch den Bodensatz eines Honigmets enthielt. Die keltische Fortsetzung des indogermanischen Wortes für «Met» war **medu-* (woraus altirisch *mid* und kymrisch *medd*, sprachverwandt mit altindisch *madhu* und deutsch *Met*). Man findet es in dem zusammengesetzten Personennamen *Medugenus* (→Zeugung), dem

Götternamen *Meduna* und in dem Flußnamen *Meduana*, der antiken Bezeichnung der Mayenne (DELAMARRE 2001:188).

Mitte. Die keltische Fortsetzung des indogermanischen Wortes für «Mitte» war *medio- (woraus mittelirisch *mide*, sprachverwandt mit lateinisch *medius*, gotisch *midjis* und altindisch *madhya-*). Man findet es in den Ortsnamen *Medionemetum* (→Heiligtum) und *Mediolan(i)um* (→Mailand) sowie in dem – etymologisch nicht sicher zu deutenden – Stammesnamen *Mediomatrici* (SCHMIDT 1957:241, RIVET u. SMITH 1979:415–417, DELAMARRE 2001:187f.).

Mund. Ein keltisches Wort für «Mund» war *genu- (woraus altirisch *gin* und kymrisch *genau*, sprachverwandt mit lateinisch *gena* «Wange» und deutsch *Kinn*). Es lebt fort im Namen der Stadt →Genf (DELAMARRE 2001:149).

Mutter. Die keltische Fortsetzung des indogermanischen Wortes für «Mutter» lautete *mātīr (woraus irisch *máthair*, sprachverwandt mit lateinisch *mater*, griechisch *mētēr* und althochdeutsch *muoter*). Es begegnet im Nominativ Singular in der Schreibung *matir* in der 1983 gefundenen Inschrift von Larzac sowie im Dativ Plural *matrebo* «den Müttern» in mehreren gallischen Weihinschriften für die bei Kelten und Germanen gleichermaßen verbreitete Dreizahl von Muttergöttinnen. Die Ableitung *mātronā lebt bis heute fort im Namen des Flusses →Marne (DELAMARRE 2001:185f.)

N

Nampteuil-sous-Muret, Name einer Stadt im französischen Département Aisne, geht vermutlich zurück auf *Nantoialo-*, eine Zusammensetzung aus zwei keltischen Wörtern für «→Tal» und «→Lichtung». Den gleichen Ursprung hat der in Frankreich überaus häufige Ortsname Nanteuil.

Nanterre, Name der Hauptstadt des französischen Départements Hauts-de-Seine, geht zurück auf die antike Bezeichnung *Nemetodurum*, eine Zusammensetzung aus zwei keltischen Wörtern für «→Heiligtum» und «→Festung».

Nantes, Hauptstadt des französischen Départements Loire-Atlantique und ehemaliger Sitz der Herzöge der Bretagne, hat seinen Namen vom keltischen Stamm der *Namnetes*. Der ursprüngliche Name der Stadt war *Condevincum*.

neu. Ein keltisches Wort für «neu» war **nowio-* (woraus irisch *nua* und kymrisch *newydd*, sprachverwandt mit lateinisch *novus* und deutsch *neu*). In zusammengesetzten Ortsnamen findet man es häufig in Verbindung mit den keltischen Wörtern für «→Ebene» und «→Festung» (DELAMARRE 2001:199).

Neumagen im Kreis Bernkastel-Wittlich hat seinen Namen von dem der antiken Siedlung *Noviomagus*, einer Zusammensetzung aus zwei keltischen Wörtern für «→neu» und «→Ebene». Denselben Ursprung haben unter anderem auch die modernen Ortsbezeichnungen Nijmegen (Nimwegen) in der niederländischen Provinz Gelderland und Noyon im französischen Département Oise. Der Name begegnet ferner im römischen Britannien als Bezeichnung der Städte Chichester in Sussex und Crayford in Kent (RIVET u. SMITH 1979:427f.).

Nyon im schweizerischen Kanton Waadt am Nordufer des Genfer Sees trug in der Antike den Namen *Noviodunum*, eine Zusammensetzung aus zwei keltischen Wörtern für «→neu» und «→Festung». Dieselbe keltische Bezeichnung begegnet als ursprünglicher Name der heutigen Stadt →Jublains.

Ortsnamen keltischen Ursprungs sind aus der Antike vor allem in latinisierter Form auf uns gekommen. Weit verbreitet sind Ableitungen von keltischen oder auch lateinischen Personennamen mit Hilfe des keltischen Suffixes **-āko-*, das die Zugehörigkeit des betreffenden Ortes (zumeist wohl kleinerer Ansiedlungen, Gehöfte oder Landgüter) zu einer bestimmten Person zum Ausdruck brachte. Ursprünglich handelt es sich bei diesen Ortsnamen wohl um Adjektive (vgl. die aus **-āko-* entstandenen inselkeltischen Adjektivendungen kymrisch *-awg/-og* und irisch *-ach*), die sich auf den Wohnsitz der betreffenden Personen bezogen. Unmittelbar zu vergleichen sind im deutschen Sprachraum die fränkischen Namen auf *-ingen* und *-ungen*, welche die gleiche Bedeutungsfunktion fortsetzen. Im Deutschen und Französischen enden die modernen Fortsetzungen der Namen auf **-āko-* häufig auf *-ach/-ich* bzw. *-ac/-ay/-é/-ey/-y* (vgl. z.B. Andernach aus *Antunnacum*, Argancy aus *Argentiacum*, Orly aus *Aureliacum*). Diese Art der Namenbildung blieb über die galloromische Epoche hinaus bis in die Völkerwanderungszeit lebendig, so daß man auch Ableitungen von germanischen Namen findet. Weit verbreitet sind ferner zusammengesetzte Ortsnamen, deren Hinterglied aus einem der Wörter für «→Ebene», «→Festung», «→Furt» oder «→Heiligtum» besteht. Als Vorderglied begegnen oft Personennamen, aber auch Wörter, die einen Bezug zur Topographie (vgl. →See, →Zusammenfluß) zum Ausdruck bringen (DE BERNARDO STEMPEL 2000).

Oskar geht zurück auf mittelirisch *Oscar*. Der Name ist identisch mit dem Wort *oscar* «Neuankömmling, Fremder, Feind», hat also einen anderen Ursprung als die auf den ersten Blick vergleichbar erscheinenden mittelirischen Namen *Osbran* und *Oschú*, die aus zwei Wörtern für «→Hirsch» und «→Rabe» bzw. «→Hund» zusammengesetzt sind (UHLICH 1993:288f.). Die weite Verbreitung des Namens Oskar beruht auf der einstigen Popularität der von James Macpherson (1736–1796) verfaßten «Gedichte Ossians», in denen der Sohn des greisen Dichters Ossian und Enkel des tapferen Königs Fingal Oscar heißt.

Paris hat seinen Namen vom keltischen Stamm der *Parisii*. Der ursprüngliche Name der Stadt war *Lutetia*, was man als Ableitung von einem keltischen Wort für «Sumpf» betrachtet.

Périgueux, Hauptstadt des französischen Départements Dordogne, heißt ebenso wie die sie umgebende historische Grafschaft Périgord nach dem keltischen Stamm der *Petrucorii*, dessen Name aus zwei keltischen Wörtern für «→vier» und

«→Heer» zusammengesetzt ist. Der ursprüngliche Name der Stadt war *Vesunna*.

Pferd. Als Reit- und Zugtier, Statussymbol der gesellschaftlichen Oberschicht und Attribut verschiedener Gottheiten spielte das Pferd in der keltischen Kultur eine wichtige Rolle, was sich nicht zuletzt in der Vielzahl der erhaltenen Bezeichnungen niedergeschlagen hat (KELLY 1997). Aus dem Indogermanischen stammt die Bezeichnung **ekwo-/*epo-* (woraus altirisch *ech*, sprachverwandt mit lateinisch *equus* und griechisch *híppos*). Man findet sie in zusammengesetzten Personennamen wie etwa *Epomeduos* und *Eposognatus* sowie im Namen der ursprünglich keltischen Göttin *Epona*, die in der römischen Kaiserzeit weithin als Schutzgottheit der Pferde und Reiter verehrt wurde (SCHMIDT 1957:209f., EVANS 1967: 197–200, RIVET u. SMITH 1979:360–362, DELAMARRE 2001: 137f.) Eine Ableitung davon ist das keltische Wort für «→Gespann». Ein weiteres keltisches Wort für «Pferd» war **marko-* (woraus altirisch *marc* und kymrisch *march*, sprachverwandt mit deutsch *Mähre*). Man findet es in den Ortsnamen *Marcodurum* (→Düren) und *Marcomagus* (→Marmagen) sowie in der Schreibung *márkan* (Akkusativ Singular) als keltischer Bezeichnung des Pferdes bei dem griechischen Schriftsteller Pausanias (*Beschreibung Griechenlands* 10,19,11). Letzterer überliefert auch den keltischen Ausdruck *trimarkisía* «Dreipferdschaft» als Bezeichnung einer taktischen Einheit der keltischen Reiterei (vgl. →drei). In der festlandkeltischen Personennamengebung selten, begegnet das Wort im Inselkeltischen in den mit Wörtern für «→Schlacht» bzw. «→Hund» zusammengesetzten kymrischen Personennamen *Cadfarch* und *Cynfarch* (SCHMIDT 1957:237, RIVET u. SMITH 1979:412f., DELAMARRE 2001:183). Der lateinische Schriftsteller Marcellus von Bordeaux überliefert ferner den mit **marko-* zusammengesetzten Namen *calliomarcus* als gallorömische Bezeichnung des als Hustenmittel verwendeten Huflattichs (LAMBERT 1994: 191, MEID 1996:19–22). Ein weiteres Wort für «Pferd» vermutet man in der Bezeichnung *mandu-, auf die man lateinisch *mannus* «Pony» und baskisch *mando* «Maultier» zurückführt. Man findet sie unter anderem in dem zusammengesetzten Personennamen *Catumandus* (→Schlacht), in den Ortsnamen *Epomanduodurum* (→Mandeure) und *Manduessedum* (→Mancetter) sowie in dem gallischen Stammesnamen *Viromandui*, der bis heute im Namen der nordfranzösischen Region Vermandois in der östlichen Picardie weiterlebt (SCHMIDT 1957:236 f., EVANS 1967:222 f., RIVET u. SMITH 1979:411 f., DELAMARRE 2001:181). Keltischer Herkunft ist schließlich auch unser Wort *Pferd*, das auf mittellateinisch *paraverēdus* «Postpferd zum Dienst auf Nebenlinien» zurückgeht. Dabei handelt es sich um eine Zusammensetzung aus der griechischen Präposition *pará* «bei» und der keltischen Bezeichnung *worēdos/*werēdos. Letztere begegnet noch in frühen mittelkymrischen Texten in der Form *gorwydd* und gelangte über die latinisierte Form *verēdus* sogar ins Arabische und Persische, wo *barīd* noch heute einen Boten oder den Postdienst bezeichnet. Italienisch *palafreno* «Zelter» geht ebenso wie die gleichbedeutende englische Bezeichnung *palfrey* (aus altfranzösisch *palafreid*) auf *paraveredus* zurück (RIVET u. SMITH 1979:508, DELAMARRE 2001).

Pflug. Als eine keltische Bezeichnung des Pflugs rekonstruiert man **aratron* (woraus altirisch *arathar* und kymrisch *aradr*), das in seiner Bildung und Bedeutung lateinisch *aratrum* und griechisch *árotron* entspricht. Als Ableitung von einem Wort für «→Wagen» begegnet darüber hinaus die gallorömische Bezeichnung *carruca*, die sich auf einen Pflug mit Rädern bezieht und bis heute in französisch *charrue* «Pflug» und süddeutsch *Karch* «(zweirädriger) Wagen» weiterlebt (LAMBERT 1994: 192).

Poitiers, Hauptstadt des französischen Départements Vienne, hat ihren Namen vom keltischen Stamm der *Pictones* oder *Pictavi*. Der ursprüngliche Name der Stadt war *Limonum*, vermutlich eine Ableitung von dem keltischen Wort für «→Ulme». Das Adjektiv und Substantiv *Poitevin* bezeichnete ursprünglich den Einwohner der Stadt Poitiers und der sie umgebenden Grafschaft Poitou und entwickelte sich daraus zum Namen einer dort beheimateten Maultier- und Hunderasse.

Rabe. Ein keltisches Wort für «Rabe» war **brano-* (woraus irisch und kymrisch *bran*). Man findet es in dem gallischen Stammesnamen *Brannovices* (→Kämpfen) und in dem britannischen Ortsnamen *Branodunum*, der keltischen Bezeichnung des römischen Kastells von Brancaster in Norfolk. Den Namen *Branogenium* als Bezeichnung der römischen Siedlung von Leintwardine in Herefordshire betrachtet man als Ableitung von einem Personennamen **Branogenos* (→Zeugung). Im Mittelirischen begegnet das Wort in den zusammengesetzten Personennamen *Artbran* (→Bär), *Branchú/Conbran* (→Hund), *Brandub* (→schwarz) und *Lugbran* (→Krieger). Eine frühe Form des Wortes bewahrt der inschriftlich im Genitiv bezeugte Name *Branogeni* (RIVET u. SMITH 1979:274, DELAMARRE 2001:73, UHLICH 1993:166, 184f., 272f.).

Reich. Deutsch *Reich* geht zusammen mit gotisch *reiki*, altnordisch *ríki* und altenglisch *ríce* (vgl. noch heute *bishopric* «Bistum») zurück auf germanisch **rīkja-*. Dabei ist der Langvokal ī nicht ursprünglich, sondern aus ē entstanden, wie die sprachverwandten Wörter lateinisch *rēgius* «königlich» und altindisch *rājyam* «Königreich» zeigen. Dies läßt darauf schließen, daß die Germanen das Wort zu einem frühen Zeitpunkt aus dem Keltischen entlehnten, wo *ē* regelmäßig zu *ī* wurde. Keltisch **rīgjon* (zu **rīgs* «→König») findet man im Festlandkeltischen als Hinterglied des zusammengesetzten Ortsnamens *Icorigium*, im Inselkeltischen in altirisch *ríge* «Königsherrschaft».

Reims im französischen Département Marne heißt nach dem keltischen Stamm der *Remi*, deren Namen man mit lateinisch *primus* «erster» vergleicht und als «die Ersten» oder «die Vornehmsten» deutet (DELAMARRE 2001:217). Der ursprüngliche Name der Stadt war *Durocortorum*.

Remagen trug in der Antike den Namen *Rigomagus*, eine Zusammensetzung aus zwei keltischen Wörtern für «→König» und «→Ebene». Dieselbe keltische Bezeichnung lebt fort in dem modernen Ortsnamen Riom im französischen Département Puy-de-Dôme.

Rennes, Hauptstadt des französischen Départements Ille-et-Vilaine und kultureller Mittelpunkt der Bretagne, hat seinen Namen vom keltischen Stamm der *Redones*. Der ursprüngliche Name der Stadt am Zusammenfluß von Ille und Vilaine war *Condate* «→Zusammenfluß».

Rhein. Als ursprüngliche Bezeichnung des Rheins rekonstruiert man eine Form **reinos*. Sie entwickelte sich im Keltischen zu **rēnos* und gelangte in dieser Form ins Lateinische (*Rhenus*). Im Germanischen wurde **reinos* dagegen zu **rīnaz*, worauf althochdeutsch *Rīn* und neuhochdeutsch *Rhein* zurückzuführen sind. Die noch heute geläufige Vorstellung vom «Vater Rhein» bezeugt bereits ein gallorömischer Weihaltar mit der Inschrift *Rheno Patri*, der 1970 in Strasbourg gefunden wurde und jetzt im Archäologischen Museum der Stadt zu sehen ist (MAIER 1994:276, DELAMARRE 2001:217).

Rind. Ein keltisches Wort für «Rind» war **bous* (woraus irisch *bó* und mittelkymrisch *bu*, sprachverwandt mit lateinisch *bōs*, griechisch *boûs* und deutsch *Kuh* aus indogermanisch **g^{w}ous*). Man findet es in den zusammengesetzten Personennamen *Bomarus* (→groß) und *Bovalus* (→stark), vielleicht auch in dem inschriftlich bezeugten keltiberischen Wort *bouśtom*, für das man im Hinblick auf altindisch *goṣṭhá-* eine Bedeutung «Stall» in Erwägung gezogen hat. Einige in romanischen Dialekten geläufige Wörter für «Stall» wie etwa *bot* und *bau* gehen vielleicht auf keltisch **boutego-* «Kuh-Haus» (altbretonisch *boutig*) zurück (DELAMARRE 2001:68f.). Ein weiteres Wort für «Rind» war **damo-* (woraus irisch *dam* «Rind, Hirsch», vgl. *Damwild*). Es begegnet in Personennamen wie *Damus* und *Damonus*, im Namen der Göttin *Damona* (MAIER 1994:95) und lebt vielleicht fort im Namen der Stadt Moléans im französischen Département Eure-et-Loire. Letzterer begegnet nämlich im 12. Jahrhundert in der Schreibung *Damolium*, was man auf **Damoialum* zurückführen und als eine Zusammensetzung aus **damo-* und **ialo-* «Lichtung» deuten könnte (DELAMARRE 2001:112f.). Vgl. →Stier.

Rodez, Hauptstadt des französischen Départements Aveyron, hat seinen Namen vom keltischen Stamm der *Ruteni*. Der ursprüngliche Name der Stadt war *Segodunum*, eine Zusammensetzung aus zwei keltischen Wörtern für «→Sieg» und «→Festung».

rot. Ein keltisches Wort für «rot» war **roudo-* (woraus irisch *rua* und kymrisch *rhudd*). Es begegnet in den Personennamen *Roudius* und *Anderoudus* und lebt fort in dem – mit französisch *église* «Kirche» zusammengesetzten – Ortsnamen Roiglise im Département Somme, der im Frühmittelalter noch in der Form *Roudium* überliefert ist. Etymologisch entspricht keltisch **roudo-* lateinisch *ruber*, griechisch *erythrós* und deutsch *rot* (DELAMARRE 2001:223).

Ruhm. Ein keltisches Wort für «Ruhm» erschließt man zum einen aus irisch *cloth* und kymrisch *clod* «Ruhm», zum anderen aus gallischen Personennamen und Götternamen wie *Clutoiθa* und *Clutoida*. Möglicherweise bildete dieses Wort den zweiten Bestandteil jenes Namens, der bei Strabon als Bezeichnung eines galatischen Fürsten im Genitiv als *Domnokleíou*, bei Caesar jedoch im Nominativ in der Form *Domnilaus* erscheint. Sehr wahrscheinlich gaben nämlich beide Autoren unter Benutzung von griechisch *kléos* bzw. lateinisch *laus* den zweiten Bestandteil dieses Namens mit der mutmaßlichen Bedeutung «der Weltberühmte» in ihrer jeweils eigenen Sprache wieder (SCHMIDT 1957:172f. und 195, EVANS 1967: 180f., DELAMARRE 2001:99f.).

Sack. Als keltisches Wort für «(Leder-)Sack» rekonstruiert man **bolgā* (woraus altirisch *bolg* «Sack; Bauch; Blasebalg» und kymrisch *bol* «Bauch», sprachverwandt mit gotisch *balgs* «(Leder-)Schlauch» und englisch *belly* «Bauch»). In galloromischer Zeit sprach man das Wort **bulgā* aus, wie der römische Grammatiker Festus bestätigt: *Bulgas Galli sacculos scorteos appellant* («Die Gallier nennen Ledersäcke *bulgas*»). Davon abgeleitet ist vermutlich der zusammengesetzte Name *Blatobulgium*, die keltische Bezeichnung des römischen Kastells von Birrens in Dumfriesshire. Sieht man im Vorderglied *blāto- das keltische Wort für «Mehl» (irisch *bláth*, kymrisch *blawd*), so könnte man in der Bezeichnung einen Spitznamen «Mehlsack» sehen, was durch die archäologische Entdeckung umfangreicher Getreidesilos bestätigt würde (RIVET u. SMITH 1979:268 f.). Im Altfranzösischen findet man als Fortsetzung von gallo-lateinisch *bulga* das Wort *bouge*, dessen Verkleinerungsform *bougette* in unserem Wort →Budget weiterlebt (DELAMARRE 2001:79 f.).

Saintes im französischen Département Charente-Maritime hat ebenso wie die historische Provinz Saintonge (aus *Santonica*) seinen Namen vom keltischen Stamm der *Santones*. Der ursprüngliche Name der Stadt war *Mediolanum* (vgl. →Mailand).

Saône. Der alte Name der Saône war *Arar*. Die Bezeichnung hängt vielleicht zusammen mit kymrisch *araf* «langsam» (vgl. Caesar, *Der Gallische Krieg* 1,12,1, über die geringe Strömung des Flusses) und begegnet auch im Stammesnamen *Ambarri* (aus einer älteren Form *Ambarari*), der seine Träger als «die zu beiden Seiten des Arar Wohnenden» kennzeichnet. Erst seit dem 4. Jahrhundert bezeugt ist der Name *Sauconna*, der in einer lateinischen Weihinschrift aus Chalon-sur-Saône auch als Name einer Göttin bezeugt ist. Der gleiche Name bezeichnete auch den heutigen Ort Sagonne im Département Cher, wo ebenfalls eine Weihinschrift mit dem Namen der Göttin zutage kam (MAIER 1994:295).

Schaf. Ein keltisches Wort für «Schaf» war *owi-* (woraus altirisch *oí*, sprachverwandt mit lateinisch *ovis*, griechisch *óis* und altindisch *avi-*). Es begegnet in dem zusammengesetzten Personennamen *Oviorix* (→König) und lebt möglicherweise fort im Namen des Flusses Ouvèze, einem Nebenfluß der Sorgue in den französischen Départements Drôme und Vaucluse, den man auf *Owidiā zurückführen kann (DELAMARRE 2001:207). Keltischen Ursprungs ist vermutlich auch französisch *mouton* «Schaf, Hammel», das in altirisch *molt* und kymrisch *mollt* «Widder» eine genaue Entsprechung findet und festlandkeltisch im Namen des Gottes *Moltinus* bezeugt ist (DELAMARRE 2001:193).

Schiff. Als keltisches Wort für «Schiff» rekonstruiert man *longā (woraus irisch *long* und kymrisch *llong*). Das Wort lebt möglicherweise fort im Namen des nordenglischen Ortes Lanchester, der in der Antike *Longovicium* hieß (RIVET u. SMITH 1979:398f., DELAMARRE 2001:175).

Schlacht. Ein keltisches Wort für «Kampf» oder «Schlacht» war **katu-* (woraus irisch *cath* und kymrisch *cad*, sprachverwandt mit griechisch *kótos* «Groll» und deutsch *Hader*). Man findet es in einigen zusammengesetzten Personennamen wie *Catumandus* (→Pferd) und *Catumarus* (→groß), dem Götternamen *Caturix* (→König) sowie den Stammesnamen *Caturiges* und *Catuslugi* (→Heer). Bis heute lebendig ist es im Namen der französischen Stadt →Chorges (SCHMIDT 1957: 167–169, EVANS 1967:171–175, DELAMARRE 2001:94f.).

schwarz. Ein keltisches Wort für «schwarz» war **dubu-* (woraus irisch *dubh* und kymrisch *du*). Das Wort begegnet als Hinterglied des mittelirischen Personennamens *Brandub* (→Rabe) und lebt fort in den Namen des Flusses Doubs und der Stadt →Dublin (DELAMARRE 2001:128).

Schwein. Dem Zeugnis der Archäologie zufolge war das Schwein nach dem Rind das am weitesten verbreitete Haustier der frühen Kelten. Zahlreiche bildliche Darstellungen und die Verwendung als Grabbeigabe lassen darauf schließen, daß die Tiere teilweise auch kultische Bedeutung besaßen. Wie Knochenfunde belegen, waren die Hausschweine der Kelten deutlich kleiner als ihre Wildform oder auch heutige Züchtungen; dem Geographen Strabon zufolge (*Erdkunde* 4,4,3) zeichneten sie sich durch Stärke und Behendigkeit aus. Ein keltisches Wort für «Schwein» war **orko-* (woraus altirisch *orc*, sprachverwandt mit lateinisch *porcus* und deutsch *Ferkel*). Die Grundbedeutung des Wortes war vermutlich «Wühler» (vgl. →Furche). Man vermutet es im Namen der Orkney-Inseln, die in der antiken Überlieferung unter dem Namen *Orcades* erscheinen, sowie in dem der Stadt Orgueuil im französischen Département Tarn-et-Garonne, den man als eine Zusammensetzung aus **orko-* und **ialo-* «→Lichtung» interpretieren kann (Rivet u. Smith 1979:433, Delamarre 2001:205 f.). Als ein weiteres Wort für «Schwein» rekonstruiert man **sukko-* (woraus kymrisch *hwch* «Sau»), dessen altirische Fortsetzung *soc* sowohl den Rüssel eines Schweins als auch in übertragener Bedeutung die Pflugschar bezeichnete. Keltischer Herkunft ist dementsprechend wohl auch französisch *soc* «Pflugschar» (Lambert 1994:198, Delamarre 2001:241).

Schwert. Das eiserne Schwert war archäologischen Funden und dem Zeugnis der antiken Autoren zufolge die Hauptangriffswaffe des keltischen Kriegers. Es hatte eine bis zu einem Meter lange gerade Klinge und wurde in einer metallenen Scheide an der rechten Hüfte getragen. Als ein keltisches Wort für «Schwert» rekonstruiert man **kladijo-* (woraus irisch *claidheamh* und kymrisch *cleddyf*), das in der Form *gladius* ins Lateinische übernommen wurde und sich im Deutschen noch in dem Pflanzennamen *Gladiole* «Schwertlilie» wiederfindet (Delamarre 2001:99). Ein weiteres keltisches Wort für «(Kurz-)Schwert» erscheint im Altirischen in den Formen *calg* und *colg*. Man findet es im Britannischen in dem bei Tacitus (*Agricola* 29) überlieferten Personennamen *Calgacus*.

Schwester. Die altkeltische Fortsetzung des indogermanischen Wortes für «Schwester», **swesōr* (woraus altirisch *siúr* und kymrisch *chwaer*, sprachverwandt mit lateinisch *soror*, altindisch *svasar-* und deutsch *Schwester*), begegnet in einer mit lateinischen Buchstaben geschriebenen gallischen Inschrift aus Néris-les-Bains im französischen Département Allier in der Form *suiorebe*, die man als Instrumental/Soziativ Plural in der Bedeutung «mit den Schwestern» interpretiert. Wie das irische Wort für «→Bruder» bezeichnet auch irisch *siúr* in der modernen Sprache nicht mehr die leibliche, sondern nur noch die Ordensschwester (LAMBERT 1994:100 und 106, DELAMARRE 2001:242).

See. Eine keltische Bezeichnung von Binnengewässern war **lindo-* (woraus kymrisch *llyn* «See»). Unmittelbar verwandt sind altirisch *lind* (Femininum) «See, Gewässer» und *lind* (Neutrum oder Maskulinum) «Getränk», so daß vielleicht mit einer Grundbedeutung «Flüssigkeit, Naß» zu rechnen ist (vgl. →Essen und Trinken). Keltisch **lindo-* begegnet unter anderem in den Ortsnamen *Lindiacum* (Lintgen in Luxemburg), **Lindoduros* (Lindern bei Aachen), *Lindum* (→Lincoln), *Diolindum* (Lalinde, Dordogne) und **Dubolindon* (Dublin). Letztere Bezeichnung mit der Bedeutung «Schwarzwasser» (entsprechend englisch *Blackpool*) ergab englisch *Dublin*, wurde im Irischen jedoch ersetzt durch den mit Wörtern für «→Furt» und «→Hürde» gebildeten Namen *Baile Átha Cliath* (RIVET u. SMITH 1979:392, DELAMARRE 2001:171). Ein weiteres keltisches Wort für «See» war **loko-* (sprachverwandt mit lateinisch *lacus* «See»). Es begegnet unter anderem in dem Ortsnamen *Pennelocus* (Villeneuve am Genfer See, vgl. →Kopf). Keltisch **loko-* ergab irisch und schottisch-gälisch *loch* (daraus entlehnt kymrisch *llwch*) und gelangte in dieser Form auch ins Englische (RIVET u. SMITH 1979:395, DELAMARRE 2001:173f.). Den Doppelsinn des deutschen Wortes *See* zeigt keltisch *mori-, das einerseits *den* S., andererseits *die* S., also das Meer, bezeichnen konnte. Beide Bedeutungen zeigt der Ortsname *Moridunum*, der einerseits als Name des römischen Vorläufers der walisischen Stadt →Carmarthen an der Mündung des Flusses Tywi belegt ist, andererseits aber auch als ursprüngliche Bezeichnung des Ortes Murten (französisch Morat) am östlichen Ufer des gleichnamigen Sees im Schweizer Kanton Freiburg vermutet wird. Darüber hinaus findet man *Moridunum vielleicht auch in der Bezeichnung der badischen Landschaft Ortenau, da diese im 16. Jahrhundert noch Mortenau lautete und letztlich auf die keltische Bezeichnung einer befestigten Siedlung am Ufer des Flusses Kinzig zurückgehen könnte (SCHMIDT 1957:245, EVANS 1967:232 f., RIVET u. SMITH 1979:420 f.).

Seine. Der keltische Name der Seine war *Sequana*. Er bezeichnet bei antiken Autoren wie Caesar (*Der Gallische Krieg* 1,1,2) den Fluß und auf lateinischen Weihinschriften der römischen Kaiserzeit eine gleichnamige Göttin. Darüber hinaus findet man ihn im Namen des keltischen Stammes der *Sequani*, die im Gebiet zwischen dem Jura, der Rhône und der Saône siedelten (MAIER 1994:289 f.).

Sens im französischen Département Yonne heißt nach dem keltischen Stamm der *Senones*, deren Namen vermutlich von einem keltischen Wort für «→alt» abgeleitet ist. Der ursprüngliche Name der Stadt war *Agedincum*.

Seveux im französischen Département Haute-Saône begegnet in antiken Quellen unter dem Namen *Segobodium*. Dabei handelt es sich vermutlich um eine Ableitung von einem Personennamen *Segobodius, den man als Zusammensetzung aus zwei keltischen Wörtern für «→Sieg» deutet.

Sieg. Ein keltisches Wort für «Sieg» war *boudi-, das unter anderem in den Personennamen *Boudillus*, *Boudilla* und *Eniboudius*, im Namen der britannischen Königin *Boudicca* sowie in einem gleichlautenden Götternamen bezeugt ist. Es lebt fort in altirisch *búaid* «Sieg» und kymrisch *budd* «Gewinn» sowie in dem deutschen Ortsnamen →Boppard (SCHMIDT 1957:154, EVANS 1967:156–158, MAIER 1994:48 f., DELAMARRE 2001: 71 f.). Ein anderes keltisches Wort mit der mutmaßlichen Bedeutung «Sieg» oder «Stärke» ist *sego-, das etymologisch deutsch *Sieg*, altindisch *sahas-* «Sieg, Gewalt» sowie mittelirisch *seg* «Stärke» entspricht. Im Festlandkeltischen begegnet es unter anderem in den Personennamen *Segomarus* (→groß), *Segorix* (→König) und *Segovesus* (→gut) sowie in dem Ortsnamen →Suin. Von *sego- abgeleitet ist der Personenname *Segontius*, auf den wiederum der Ortsname *Segontiacum (Segonzac, Cher und Sonzay-en-Touraine, Indre-et-Loire) zurückgeht. Von einem Flußnamen *segontī (woraus altkymrisch *Segeint*, neukymrisch *Saint*) ist der Ortsname *Segontium* gebildet. Ihm entspricht die weibliche Form *Segontia* als Bezeichnung mehrerer Orte in Spanien, darunter das heutige Sigüenza in der Provinz Guadalajara (SCHMIDT 1957:265 f., EVANS 1967:254–257, RIVET u. SMITH 1979:452–454, DELAMARRE 2001:228 f.).

Silber. Ein keltisches Wort für «Silber» war *arganto- (woraus irisch *airgead* und kymrisch *arian*, sprachverwandt mit lateinisch *argentum* und altindisch *rajatam*). Man findet es in dem Personennamen *Argentokoxos* (→Fuß), in einigen Flußnamen wie etwa *Argenteus* (heute l'Argens im französischen Département Var) sowie den Ortsnamen *Argantomagus* (→Ebene) und *Argantoialum (→Lichtung). Von dem lateinischen Wort für «Silber» beeinflußt ist vermutlich der Name *Argentorate* (→Festung), die römische Bezeichnung der Stadt Strasbourg (UNTERMANN 1989, DELAMARRE 2001:46).

Sklave. Sklaven und Sklavinnen bildeten in allen Teilen der keltischsprachigen Welt die unterste Gesellschaftsschicht und erbrachten dem Zeugnis der frühen irischen Rechtstexte zufolge noch im frühmittelalterlichen Irland einen Großteil der Arbeitsleistung. Ein keltisches Wort für «Sklave» oder «Diener» war *magu-* (woraus altirisch *mug*, sprachverwandt mit gotisch *magus* «Knabe»). Man findet es in dem zusammengesetzten Personennamen *Magurix* (→König) sowie in dem – etymologisch nicht sicher gedeuteten – Götternamen *Magusanus* (SCHMIDT 1957:235, EVANS 1967:221 f., DELAMARRE 2001:181).

Slogan als Bezeichnung eines Schlagworts geht über englisch *slogan* zurück auf schottisch-gälisch *sluagh-ghairm* (vgl. →Heer). Das Wort begegnet im Englischen erstmals im frühen 16. Jahrhundert noch mit der ursprünglichen Bedeutung «Kriegsruf».

Sohn. Ein keltisches Wort für «Sohn» war $*mak^wk^wos/*mapos$ (woraus irisch *mac* und kymrisch *mab*). Man findet es in dem britannischen Ortsnamen *Maporitum* (→Furt) sowie im Namen des Gottes *Maponos*, der in der mittelalterlichen walisischen Literatur unter dem Namen *Mabon* begegnet und in der höfischen Artus-Literatur als Mabuz oder Mabonagrain erscheint (RIVET u. SMITH 1979:412, MAIER 1994:217f., DELAMARRE 2001:182).

Soissons im französischen Département Aisne hat seinen Namen vom keltischen Stamm der *Suessiones* und hieß in der Antike *Augusta Suessionum*.

Somme. Der – nicht sicher deutbare – keltische Name der Somme war *Samara*. Er begegnet auch als Bezeichnung der Sambre, eines linken Nebenflusses der Maas, sowie in der

Zusammensetzung *Samarobriva* (→Brücke), dem ursprünglichen Namen der Stadt →Amiens.

Speer. Wie aus archäologischen Funden und den Bemerkungen antiker Autoren hervorgeht, war der Speer eine wichtige Waffe des keltischen Kriegers. Auf einer keltischen Bezeichnung dafür beruht unser Wort →*Lanze*; ein weiteres keltisches Wort für «Speer» war **gaiso-/*gēso-* (woraus altirisch *gae* und kymrisch *gwayw*, sprachverwandt mit deutsch *Ger*). Man findet es in der antiken Bezeichnung keltischer Söldner als *Gaisátai* oder *Gaesati* (eigentlich «Speerleute»), in dem damit zusammengesetzten Personennamen *Gesatorix* (→König) und in dem Ortsnamen *Gaesoriacum/Gesoriacum*, dem heutigen Boulogne-sur-Mer im französischen Département Pas-de-Calais. Bei dem Geographen Ptolemaios begegnet darüber hinaus der Name *Gēsodounon* (→Festung) als Bezeichnung eines nicht sicher lokalisierbaren Ortes in Noricum (DELAMARRE 2001:146f.).

stark. Ein keltisches Wort für «stark» oder «mächtig» war **walo-* (sprachverwandt mit lateinisch *valere* «stark sein» und deutsch *walten*, *Gewalt*). Man findet es mehrfach in den Schreibungen *-oualos* (griechisch) oder *-valus* (lateinisch) als Hinterglied zusammengesetzter Personennamen wie etwa *Bovalus* (→Rind), *Katoualos* (→Schlacht), *Cunovalus* (→Hund) und *Nertovalus* (→Kraft). Bis heute lebendig ist es in dem Personennamen →Donald sowie in den von Personennamen auf **-walos* abgeleiteten Ortsnamen →Carlisle und →Heerlen (SCHMIDT 1957:284, EVANS 1967:269–271, DELAMARRE 2001: 257f.).

Stier. Schon in der Kunst der Hallstattzeit bezeugt, spielten Stiere sowohl für die Wirtschaft als auch in der Religion und Mythologie der Kelten eine wichtige Rolle. Ein keltisches

Wort für «Stier» war *tarwo- (woraus irisch *tarbh* und kymrisch *tarw*, sprachverwandt mit lateinisch *taurus* und griechisch *taûros*). Man findet es in der Schreibung TARVOS TRIGARANVS («der Stier mit den drei Kranichen») auf einem kaiserzeitlichen Weiherelief aus Paris, das einen Stier mit drei Wasservögeln auf dem Rücken darstellt (MAIER 1994:309f.), im Namen der Stadt *Tarvanna* (heute Thérouanne im französischen Département Pas-de-Calais) sowie in den Ortsnamen *Tarvisium* (heute Treviso) und *Tarvessedum* (→Wagen). Eine Variante von *tarwo- ist vielleicht das Namenelement *taro-, das unter anderem in dem Personennamen *Brogitaros* (→Land) und in dem Ortsnamen *Tarodunum* (heute Zarten im Tal der →Dreisam bei Freiburg) begegnet (DELAMARRE 2001:246f.).

Suin, Name eines Ortes im französischen Département Saône-et-Loire, geht zurück auf die antike Bezeichnung *Segodunum*, eine Zusammensetzung aus zwei keltischen Wörtern für «→Sieg» und «→Festung». Der Name begegnet auch als Bezeichnung des römischen Kastells von Wallsend in Northumberland, als ursprünglicher Name der Stadt →Rodez sowie – in der Form *Segodounon* – bei dem griechischen Geographen Ptolemaios als Bezeichnung eines Ortes in der ursprünglich keltisch besiedelten Maingegend (RIVET u. SMITH 1979:452f.).

Tal. Ein keltisches Wort für «Tal» war **nantu-* oder **nanto-* (woraus kymrisch *nant* «Bach»). Man findet es im Namen der gallischen Göttin *Nantosvelta*, im Namen des Stammes der *Nantuates* sowie in den Ortsnamen *Nantum* (heute Namps-au-Mont im Département Somme und Nan-le-Petit im Département Meuse) und *Nantavia* (heute Lantages im Département Aube). Bestätigt wird die Etymologie durch den Eintrag *nanto – valle* in dem als *Endlichers Glossar* bekannten Verzeichnis gallischer Wörter mit lateinischen Entsprechungen. Als Zusammensetzung aus **nanto-* und einem Wort für «Lichtung», **ialo-*, deutet man die zahlreich belegten französischen Ortsnamen Nanteau, Nanteuil, Nantheuil und Nanton (DELAMARRE 2001:196). Ein weiteres keltisches Wort für «Tal» war **kumbo-* (woraus kymrisch *cwm*). Es lebt fort in zahlreichen französischen Ortsnamen wie etwa Combe, Combes und Comps sowie in französisch *combe* (provençalisch *comba*, katalanisch *coma*) als Bezeichnung eines engen Tales oder einer Schlucht (DELAMARRE 2001:110).

Tauber. Die Tauber trug in der Antike den Namen *Dubra*, den man als Plural des keltischen Wortes für «→Wasser» interpretiert. Vgl. →Dover.

Tiere spielten für die keltische Namengebung sowohl bei Personen- als auch bei Stammesnamen eine wichtige Rolle. Direkt bezeugt und/oder aus Fortsetzungen in den inselkeltischen Sprachen zu rekonstruieren sind die Bezeichnungen folgender Haus- und Wildtiere: →Bär, →Biber, →Dachs,

→Fuchs, →Hahn, →Haubenlerche, →Hirsch, →Hund, →Pferd, →Rabe, →Rind, →Schaf, →Schwein, →Ziege (SCHMIDT 1999).

Tochter. Eine keltische Entsprechung des Wortes Tochter (altindisch *duhitar-*, griechisch *thugátēr*) entdeckte man 1983 in der neugefundenen gallischen Inschrift von Larzac, wo es neben *matir* «→Mutter» in der Schreibung *duxtir* erscheint. In den inselkeltischen Sprachen der Neuzeit ist das Wort nicht mehr vorhanden (DELAMARRE 2001:133f.).

Tours, Hauptstadt des französischen Départements Indre-et-Loire, heißt ebenso wie die sie umgebende historische Region Touraine nach dem keltischen Stamm der *Turones*. Der ursprüngliche Name der Stadt war *Caesarodunum*, eine Zusammensetzung aus dem lateinischen Namen *Caesar* und einem keltischen Wort für «→Festung».

Troyes, Hauptstadt des französischen Départements Aube, hat seinen Namen vom keltischen Stamm der *Tricasses* (→drei). Der ursprüngliche Name der Stadt war *Augustobona* (vgl. →Bonn).

Turin (italienisch Torino) hat seinen Namen vom keltischen Stamm der Tauriner (latinisiert *Taurini*) und hieß in der Antike *Augusta Taurinorum*.

über. Die keltische Präposition **wer* «über» (= irisch *for*, sprachverwandt mit griechisch *hypér*, lateinisch *super* und gotisch *ufar* «über») begegnet – ähnlich wie im Deutschen – auch im Gallischen häufig als Vorsilbe mit steigernder Bedeutung, so etwa in dem Personennamen *Vercingetorix* neben einfachem *Cingetorix* (→Krieger), in der gallo-lateinischen Bezeichnung eines Jagdhunds als **Wertragos* (→Hund) und in dem bei Venantius Fortunatus (*Carmina* I 9,9f.) mit lateinisch *fanum ingens* wiedergegebenen zusammengesetzten Substantiv *vernemetis* (→Heiligtum). Diese steigernde Bedeutung kennzeichnet auch die aus **wer* entstandene kymrische Vorsilbe *gor*- (SCHMIDT 1957:290, EVANS 1967:279f., DELAMARRE 2001:264).

Ulme. Ein keltisches Wort für «Ulme» war **lemo-* (woraus altirisch *lem*, sprachverwandt mit lateinisch *ulmus* und althochdeutsch *elmboum*, *ilmboum* gegenüber dem lateinischen Lehnwort *Ulme*). Man findet es unter anderem in dem zusammengesetzten Stammesnamen *Lemovices* (→Kämpfen), der im Hinblick auf seine Bildung mit dem Stammesnamen *Eburovices* (→Eibe) zu vergleichen ist. Die Bezeichnung lebt fort in den Ortsnamen →Limeil und →Limoges (SCHMIDT 1957: 231, RIVET u. SMITH 385f., DELAMARRE 2001:168).

um ... herum. Als keltische Entsprechung von griechisch *amphí*, lateinisch *ambi-* und althochdeutsch *umbi* findet man im Keltischen vor allem als Vorderglied zusammengesetzter Personen- und Ortsnamen **ambi-* (dementsprechend altirisch *imb/imm*, kymrisch *am*). Mehrfach bezeugt ist die Verbindung mit Flußnamen: Neben dem bei Caesar und Livius erwähnten Stamm der *Ambarri* (aus *Ambi-arari), «die zu beiden Seiten des Arar (der →Saône) wohnen», findet man bei Ptolemaios (2,13,2) die *Ambidrauoi*, *Ambilikoi* und *Ambisontioi*, «die zu beiden Seiten der Drau/des Lech/des Isonzo wohnen». Der Matronenbeiname *Abirenibus* (Dativ Plural) sollte vermutlich als Verschreibung für *Ambirenibus – analog zum tatsächlich bezeugten Personennamen *Ambirenus* – die so bezeichneten Gottheiten als «die zu beiden Seiten des Rheins Wohnenden» charakterisieren. Bis heute lebendig ist das ins Germanische und in die romanischen Sprachen entlehnte Wort *ambaktos (→Gefolgsmann). Den Namen des bei Caesar mehrfach erwähnten Eburonenfürsten *Ambiorix* deutet man als eine Zusammensetzung aus zwei Wörtern für «Umhegung» (*ambio-, woraus altirisch *imbe*) und «→König» (SCHMIDT 1957:122–125, EVANS 1967:134–136, DELAMARRE 2001:35f.).

Vandeuil, Name einer Stadt im französischen Département Marne, geht vermutlich zurück auf *Windoialo-, eine Zusammensetzung aus zwei Wörtern für «→weiß» und «→Lichtung». Den gleichen Ursprung (mit nachträglicher Angleichung an lateinisch *ventus* «Wind») vermutet man für die modernen Ortsnamen Vendeuil, Venteuges und Venteuil.

Vannes, Hauptstadt des französischen Départements Morbihan, hat seinen Namen vom keltischen Stamm der *Veneti*. Der ursprüngliche Name der Stadt war *Darioritum* (vgl. →Furt).

Vasall als Bezeichnung des freien, in einem persönlichen Treueverhältnis zu einem Schutzherrn stehenden Mannes, begegnet im Mittelhochdeutschen erstmals zu Beginn des 13. Jahrhunderts bei Gottfried von Straßburg. Zugrunde liegt altfranzösisch *vassal* bzw. mittellateinisch *vassallus*, die beide auf ein keltisches Wort für «→Gefolgsmann» zurückgehen.

Vater. Das aus dem Indogermanischen ererbte keltische Wort für «Vater» lautete im Nominativ – entsprechend den inschriftlich bezeugten Parallelen *matir* «Mutter» und *duxtir* «Tochter» – **atīr* (woraus irisch *athair*, sprachverwandt mit lateinisch *pater*, griechisch *patēr*, altindisch *pitā* und deutsch *Vater*). Inschriftlich bezeugt ist der Dativ Plural *atrebo* «den Vätern» (DELAMARRE 2001:50f.)

Verneuil, Name einer Stadt im französischen Département Eure, geht vermutlich zurück auf **Wernoialo-*, eine Zusammensetzung aus zwei Wörtern für «→Erle» und «→Lichtung». Den gleichen Ursprung vermutet man für die französischen Ortsnamen Vernajoul, Verneil, Vernoil und Vernou.

vier. Die Fortsetzung des indogermanischen Wortes für «vier» (irisch *ceathar* und kymrisch *pedwar*, sprachverwandt mit lateinisch *quattuor* und gotisch *fidwor*) begegnet im Festlandkeltischen als Vorderglied zusammengesetzter Substantive in der Form **petru-*. Man findet sie unter anderem im Namen der Stadt →Périgueux sowie in der ins Lateinische entlehnten Bezeichnung *petorritum* (aus **petru-rotom*) «Vierrädriger (Wagen)» (SCHMIDT 1957:255, DELAMARRE 2001:211f.).

Volk. Ein keltisches Wort für «Volk» oder «Stamm» war **teutā/*toutā* (woraus irisch *túath* «Volk» und kymrisch *tud* «Land», sprachverwandt mit gotisch *þiuda* und unserem Wort *deutsch* mit der ursprünglichen Bedeutung «volkssprachlich»).

Man findet es unter anderem in dem inschriftlich und literarisch bezeugten Götternamen *Teutatis/Toutatis* sowie in den Personennamen *Teutomatus* (→Bär) und *Totatigenus* (→Zeugung). Eine Ableitung **toutio-* mit der mutmaßlichen Bedeutung «Stammesangehöriger» findet man in dem mit einem Wort für «→König» zusammengesetzten Namen *Toutiorix* (SCHMIDT 1957:277–280, DELAMARRE 2001:249).

vor. Eine keltische Präposition mit der Bedeutung «vor» war **are* (woraus altirisch *air* und kymrisch *ar*). Man findet sie unter anderem in der antiken Bezeichnung der Bretagne als *Aremorica* (vgl. →Meer) sowie im Namen der Städte →Ardin und →Arles (DELAMARRE 2001:45).

Wagen aus Holz oder Weidengeflecht und mit zwei oder vier eisenbeschlagenen Speichenrädern spielten in der keltischen Kultur als Statussymbol, taktische Waffe und Grabbeigabe eine wichtige Rolle. Hochentwickelt war dementsprechend die Wagenbautechnik, weshalb mehrere keltische Wörter für «Wagen» ins Lateinische entlehnt wurden und dadurch teilweise noch heute in den romanischen Sprachen weiterleben. Einen leichten, unbedeckten, zweirädrigen Reisewagen bezeichnete lateinisch *cisium*, das man im Hinblick auf altirisch *ces* «Korb, Flechtwerk» als gallisches Lehnwort ansieht (DELAMARRE 2001:99). Einen offenen vierrädrigen Wagen nannten die Römer demgegenüber in Anlehnung an eine gallische Bezeichnung *petorritum*, was mit dem keltischen Wort für «→vier» zu verbinden ist (DELAMARRE 2001:211). Den zweirädrigen keltischen Streitwagen, den Caesar während seiner Feldzüge in Britannien kennenlernte, bezeichneten die Römer dagegen mit einem keltischen Wort als *essedum* (DELAMARRE 2001:140). Alternative lateinische Bezeichnungen des keltischen Streitwagens waren *carpentum* und *covinnus*, die im Hinblick auf irische Parallelen ebenfalls aus dem Gallischen entlehnt sein dürften. Verbindet man *covinnus* mit altirisch *fén* «Wagen» (sprachverwandt mit griechisch *óchos*, altindisch *vahanam* und deutsch *Wagen*), so gehört *carpentum* zu altirisch *carpat* «Streitwagen» (möglicherweise sprachverwandt mit lateinisch *corbis*, woraus das deutsche Lehnwort *Korb*). Die altkeltische Form **karbanto-* findet man in den Ortsnamen *Carbantia*, *Carbantorate* (→Festung) und *Carbantoritum* (→Furt). Aus der Form *carpenta* entwickelte sich französisch *charpente* «Zimmerwerk, Gebälk, Gerüst» (RIVET u. SMITH 1979:300f., LAMBERT 1994:192, DELAMARRE 2001:90 und 106). Langfristig am erfolgreichsten war keltisch **karros* (sprachverwandt mit dem gleichbedeutenden lateinischen Wort *currus*), das in der Form *carrus* als Bezeichnung eines vierrädrigen Lastwagens ins Lateinische und von dort in verschiedene romanische Sprachen übernommen wurde und in den Formen *Karre* und *Karren* auch ins Deutsche gelangte. Lateinisch *carrus* entwickelte sich im Französischen zu *char* und wurde aus dem Anglonormannischen als *car* ins Englische entlehnt (DELAMARRE 2001:92). Erwähnt sei schließlich noch das aus dem Keltischen entlehnte lateinische Wort *reda* als Bezeichnung eines vierrädrigen Reisewagens (vgl. →Gespann, →Pferd).

Wald. Ein keltisches Wort für «Wald» war **kaito-/*kēto-* (woraus kymrisch *coed*, sprachverwandt mit deutsch *Heide*). Man findet es unter anderem in den Ortsnamen *Cetobriga* (→Festung) und *Letocetum*, dem Vorläufer der heutigen Stadt Lichfield (RIVET u. SMITH 1979:387f., DELAMARRE 2001:82f.).

Wasser. Ein keltisches Wort für «Wasser» oder «Gewässer» war *dubro-* (woraus altirisch *dobur* und kymrisch *dwfr*). Man findet es im Namen der Stadt →Dover sowie in dem des Flusses →Tauber (DELAMARRE 2001:127f.). Aus der zusammengesetzten Bezeichnung *Vernodubrum* (→Erle) entstanden die französischen Flußnamen Verdouble, Vernoubre und Vernobre. Der Name der Dourbie, eines rechten Nebenflusses des Tarn, geht mit seiner im 13. Jahrhundert belegten lateinischen Form *Durbia* vielleicht durch Metathese auf eine ältere Form **Dubria* zurück.

Weg. Ein keltisches Wort für «Weg» war **sento-* (woraus altirisch *sét* und kymrisch *hynt*, sprachverwandt mit deutsch *Gesinde* und *Gesindel* mit der ursprünglichen Bedeutung «Weggefährten»). Man findet es unter anderem in dem zusammengesetzten Ortsnamen *Gabrosentum* (→Ziege), der keltischen Bezeichnung des römischen Kastells bei Moresby in Cumberland, sowie in dem Ortsnamen *Sentinum* (heute Sentíno), der antiken Bezeichnung einer Siedlung, die an einer bedeutenden Straße von *Sena* (heute Senigallia) zum Paß von Pistia lag (RIVET u. SMITH 1979:308f. und 364, DELAMARRE 2001:230).

Weide. Ein keltisches Wort für die in zahlreichen Arten weit verbreitete Weide war **saliko-* (woraus irisch *saileach* und kymrisch *helyg*). Das Wort begegnet in dem zusammengesetzten Personennamen *Salicogenna* (→Zeugung) und lebt fort in französischen Ortsnamen wie Saugues und Saulges (DELAMARRE 2001:225).

weiß. Ein keltisches Wort für «weiß» war **windo-* (woraus irisch *fionn* und kymrisch *gwyn*). Es begegnet in zahlreichen Personennamen wie *Vindus*, *Vindius*, *Vindilla*, *Vindona* und lebt bis heute fort in den mit einem Wort für «→Festung» zusammengesetzten Ortsnamen Vandœuvre, Vendœuvres und Vendeuvres (aus *windo-briga*). *Vandoise*, die französische Bezeichnung des Weißfischs, geht zurück auf das von *windo-* abgeleitete gallische Wort *windesia*. In der mittelalterlichen inselkeltischen Literatur findet man die Farbbezeichnung im Namen des irischen Sagenhelden *Fionn mac Cumhaill* sowie in dem der Königin *Gwenhwyfar* (*Ginevra*, *Ginover*) aus dem Sagenkreis um Arthur/Artus (SCHMIDT 1957:295 f., RIVET u. SMITH 1979:500, DELAMARRE 2001:269 f.).

weit. Ein keltisches Wort für «weit, ausgedehnt, breit» war *litano-*, das mit griechisch *platýs* und altindisch *pṛthu-* «weit, breit» sprachverwandt ist und in irisch *leathan* und kymrisch *llydan* weiterlebt. Im Festlandkeltischen erscheint es unter anderem in den Ortsnamen *Litanobriga* (→Festung) und *Litanomagus* (→Ebene). Die ursprüngliche Bedeutung des Wortes erscheint noch in dem Namen *Litana*, den der römische Historiker Livius als gallische Bezeichnung eines ausgedehnten Waldes in Oberitalien erwähnt (*Ab urbe condita* 23,24,7: *silva erat vasta, Litanam Galli vocabant*). Von derselben Wurzel wie *litano-* abgeleitet und wohl von gleicher oder ähnlicher Bedeutung ist keltisch *litavi-*, das unter anderem in dem nicht sicher deutbaren Personennamen *Convictolitavis* sowie in dem Götternamen *Litavis* begegnet. Letztere Bezeichnung entspricht etymologisch altindisch *pṛthivī* und altenglisch *folde* «Erde» und lebt fort in kymrisch *Llydaw* als Bezeichnung der Bretagne (SCHMIDT 1957:232, EVANS 1967:216 f., RIVET u. SMITH 1979:394, MAIER 1994:208, DELAMARRE 2001:172).

Welt. Ein keltisches Wort für «Welt», das bis heute in der geographischen Bezeichnung →Albion weiterlebt, war *albio-*. Eine weitere Bezeichnung, *dubno-/*dumno-*, findet man in dem Namen →Devon. Ein drittes Wort für «Welt», *bitu-*, bewahrt der Name der Stadt →Bourges.

Whisk(e)y als Bezeichnung eines Getreidebranntweins geht zurück auf schottisch-gälisch *uisge beatha* «Lebenswasser». Das charakteristische Herstellungsverfahren mit über Torffeuer gedarrtem Gerstenmalz ist erst seit dem 15. Jahrhundert belegt, die Bezeichnung allem Anschein nach eine Lehnübersetzung des gleichbedeutenden lateinischen Ausdrucks *aqua vitae* (deutsch *Aquavit*). Ihr entspricht der Bedeutung nach russisch *Wodka* (eigentlich «Wässerchen»).

Wien erscheint bei dem Geographen Klaudios Ptolemaios erstmals unter dem keltischen Namen *Vindobona*, einer Zusammensetzung aus zwei keltischen Wörtern für «→weiß» und «Siedlung» (vgl. →Bonn). Der heutige Name der Stadt geht allerdings nicht auf *Vindobona*, sondern auf die etymologisch vielleicht als «Waldbach» (zu **widu-*, einem keltischen Wort für «→Baum») deutbare Bezeichnung des Wienflusses zurück.

Wolle. Ein keltisches Wort für «Wolle» war **wlanā* (woraus altirisch *olann* und kymrisch *gwlan*, sprachverwandt mit lateinisch *lana*). In Anlehnung an die kymrische Bezeichnung entstand englisch *flannel* «Wollgewebe», das über französisch *flanelle* (mit Betonung auf der Endsilbe) deutsch *Flanell* ergab (LAMBERT 1994:194).

Worms erscheint in antiken Quellen teils unter dem offiziellen römischen Namen *Civitas Vangionum*, teils unter der keltischen Bezeichnung *Borbetomagus*, die man als eine Zusammensetzung aus einem keltischen Wort für «→Ebene» und der Bezeichnung einer Heilquelle bzw. der mit ihr verbundenen Gottheit deutet. Vgl. →Bourbon.

York in Nordengland trug in der Antike den Namen *Eburacum*, eine Ableitung vom keltischen Wort für «→Eibe» oder dem gleichlautenden Personennamen *Eburos*. Strategisch und wirtschaftlich günstig gelegen am Zusammenfluß von Ouse und Fosse, wurde York nach der normannischen Eroberung Englands 1066 zur Hauptstadt der neuen Grafschaft Yorkshire, deren Namen man auch in dem einer Kohlart (*Yorkshire Cabbage*), einer Hunderasse (*Yorkshire Terrier*) und einer Süßspeise (*Yorkshire Pudding*) findet. Der heutige Name York geht jedoch nicht direkt auf die lateinische Form *Eburacum* zurück, sondern beruht auf der altenglischen Umdeutung dieser antiken Bezeichnung als *Eoforwic* «Eber-Stadt», bzw. der altnordischen Umsetzung dieses Namens als *Jórvík* (RIVET u. SMITH 1979:355–357).

Yverdon, Bezirkshauptstadt im schweizerischen Kanton Waadt an der Mündung der Zihl in den Neuenburger See, wurde um 1260 an der Stelle einer römischen Siedlung gegründet. Diese trug den aus zwei Wörtern für «→Eibe» und «→Festung» zusammengesetzten keltischen Namen *Eburodunum*. Mit dem gleichen Namen bezeichnete man die heutige Stadt Embrun im Département Hautes-Alpes.

Z

Zeugung. Eine Wurzel mit der Bedeutung «zeugen» begegnet im Festlandkeltischen in den Schreibungen -*genus* und -*gnatus* als Hinterglied zusammengesetzter Personennamen wie etwa *Bitugnata* (→Welt), *Camulogenus*, *Camulognata* (→Krieger), *Cantognatus* (→hundert), *Catugnatus* (→Schlacht), *Cintugenus*, *Cintugena*, *Cintugnatus*, *Cintugnata* (→erster), *Devognata* (→Gott), *Matugenus* (→Bär), *Nemetogena* (→Heiligtum), *Nitiogenna* (→eigen), *Ollognatus* (→groß), *Salicogenna* (→Weide), *Senognatus* (→alt), *Urogenonertus* (→Auerochse, →Kraft) und *Vernogenus* (→Erle). Dabei ist allerdings zu beachten, daß einige der Namen auf -*gnatus* bzw. -*gnata* vielleicht eher zu der Wurzel gehören, die in altirisch *gnáth*, mittelkymrisch *gnawd* «gewohnt, vertraut», griechisch *gnōtós* und lateinisch *notus* «bekannt» vorliegt. So etwa läßt sich der gallische Personenname *Eposognatos* sehr gut als «mit Pferden wohlvertraut» deuten (SCHMIDT 1957:216–221, EVANS 1967: 203–211, DELAMARRE 2001:149f. und 153).

Ziege. Ein keltisches Wort für «Ziege» war **gabro-* (woraus altirisch *gabor* und kymrisch *gafr*). Davon abgeleitet ist der Name *Gabrēta*, die antike Bezeichnung des Böhmerwalds. Belegt ist das Wort ferner in den Ortsnamen *Gabrosentum* (→Weg), der Bezeichnung eines römischen Kastells am Hadrianswall in Cumberland, und *Gabromagus* (→Ebene), dem Namen des römischen Vorläufers von Windischgarsten in Oberösterreich. Als eine Zusammensetzung aus dem Wort für «Ziege» und einem Wort für «→Kämpfen» begegnet im nördlichen Britannien der Stammesname *Gabrantovices*. Keltisch *gabro-* entspricht indogermanisch **kapro-* (woraus lateinisch *caper* «Ziege» und deutsch *Habergeiß*), wobei die unerwartete Entwicklung von *k-* zu *g-* im Anlaut auf den Einfluß eines anderen Wortes zurückgehen dürfte (SCHMIDT 1957:214, RIVET u. SMITH 363f., DELAMARRE 2001:146).

Zusammenfluß. Ein keltisches Wort für «Zusammenfluß» war **kondati-*. Es begegnet in der latinisierten Schreibung *Condate* häufig in Gallien, jedoch nur einmal in Britannien (als Bezeichnung der römischen Siedlung von Northwich am Zusammenfluß von Dane und Weaver in Cheshire) und überhaupt nicht auf der Iberischen Halbinsel oder in Oberitalien. Zu den zahlreichen modernen Ortsnamen, die auf *Condate* zurückgehen, zählen Cosne im Département Nièvre am Zusammenfluß des Nohain und der Loire, Condé-sur-Iton im Département Eure an der Vereinigung zweier Arme des Flusses Iton, Candes im Département Indre-et-Loire am Zusammenfluß von Loire und Vienne und Konz an der Mündung der Saar in die Mosel. Als Beiname eines keltischen Gottes erscheint *Condatis* auch in drei lateinischen Weihinschriften aus dem Norden des römischen Britannien (RIVET u. SMITH 1979:315f., MAIER 1994:85f., DELAMARRE 2001:103).

Literatur

Das folgende Literaturverzeichnis enthält einige grundlegende Standardwerke sowie eine repräsentative Auswahl neuerer Untersuchungen, anhand derer sich der Leser über den gegenwärtigen Stand unserer Kenntnis des Keltischen, seine Stellung innerhalb der indogermanischen Sprachfamilie und seine Entwicklung hin zu den noch lebenden keltischen Sprachen informieren kann. Die umfangreiche Literatur zum Bau, zur Geschichte und zur gegenwärtigen Situation der seit dem Mittelalter bezeugten inselkeltischen Sprachen konnte aus Platzgründen nicht berücksichtigt werden.

BALL u. FIFE 1993: MARTIN J. BALL und JAMES FIFE (Hrsg.), *The Celtic Languages*, London 1993.

BEAULIEU u. FISCHER 1998: J. DE BEAULIEU und B. FISCHER, *Les légendes monétaires*, Paris 1998 (Recueil des inscriptions gauloises IV).

BIRKHAN 1970: HELMUT BIRKHAN, *Germanen und Kelten bis zum Ausgang der Römerzeit. Der Aussagewert von Wörtern und Sachen für die frühesten keltisch-germanischen Kulturbeziehungen*, Wien 1970.

CAMPANILE 1965: ENRICO CAMPANILE, *Rapporti linguistici fra il mondo celtico e il mondo latino e neolatino*, Napoli 1965.

DE BERNARDO STEMPEL 1987: PATRIZIA DE BERNARDO STEMPEL, *Die Vertretung der indogermanischen liquiden und nasalen Sonanten im Keltischen*, Innsbruck 1987 (Innsbrucker Beiträge zur Sprachwissenschaft 24).

DE BERNARDO STEMPEL 1994: PATRIZIA DE BERNARDO STEMPEL, «Zum gallischen Akzent: eine sprachinterne Betrachtung», in: *Zeitschrift für celtische Philologie* 46 (1994) 14–35.

DE BERNARDO STEMPEL 1999: PATRIZIA DE BERNARDO STEMPEL, *Nominale Wortbildung des älteren Irischen: Stammbildung und Derivation*, Tübingen 1999.

DE BERNARDO STEMPEL 2000: PATRIZIA DE BERNARDO STEMPEL, «Keltische Ortsnamen», in: *Reallexikon der Germanischen Altertumskunde* 16 (2000) 407–413.

DELAMARRE 2001: XAVIER DELAMARRE, *Dictionnaire de la langue gauloise. Une approche linguistique du vieux-celtique continental*, Paris 2001.

DUVAL u. PINAULT 1988: PAUL-MARIE DUVAL und GEORGES PINAULT, *Les calendriers (Coligny, Villards d'Héria)*, Paris 1988 (Recueil des inscriptions gauloises III).

EVANS 1967: D. ELLIS EVANS, *Gaulish Personal Names*, Oxford 1967.

FÖRSTER 1921: MAX FÖRSTER, «Keltisches Wortgut im Englischen», in: *Texte und Forschungen zur englischen Kulturgeschichte. Festgabe für Felix Liebermann zum 20. Juli 1921*, Halle 1921, 119–242.

FREEMAN 2001: PHILIP FREEMAN, *The Galatian Language*, Lewiston, N. Y. 2001.

GRZEGA 2001: JOACHIM GRZEGA, *Romania Gallica Cisalpina. Etymologisch-geolinguistische Studien zu den oberitalienisch-rätoromanischen Keltizismen*, Tübingen 2001 (Beihefte zur Zeitschrift für Romanische Philologie 311).

HEIDERMANNS 2001: FRANK HEIDERMANNS, «Leder- und Fellbearbeitung», in: *Reallexikon der germanischen Altertumskunde* 18 (2001) 177–179.

JORDÁN CÓLERA 1998: CARLOS JORDÁN CÓLERA, *Introducción al Celtibérico*, Zaragoza 1998 (Monografías de Filología Griega 10).

KELLY 1997: PATRICIA KELLY, «The Earliest Words for ‹Horse› in the Celtic Languages», in: S. Davies und N. A. Jones (Hrsg.), *The Horse in Celtic Culture. Medieval Welsh Perspectives*, Cardiff 1997, 43–63.

LAMBERT 1994: PIERRE-YVES LAMBERT, *La langue gauloise. Description linguistique, commentaire d'inscriptions choisies*, Paris 1994.

LAMBERT 2002: PIERRE-YVES LAMBERT, *Textes gallo-latins sur instrumentum* Paris 2002 (Recueil des inscriptions gauloises II, 2).

LEJEUNE 1985: MICHEL LEJEUNE, *Textes Gallo-grecs*, Paris 1985 (Recueil des inscriptions gauloises I).

LEJEUNE 1988: MICHEL LEJEUNE, *Textes Gallo-étrusques, Textes gallo-latins sur pierre*, Paris 1988 (Recueil des inscriptions gauloises II,1).

MAC AN BHAIRD 1980: ALAN MAC AN BHAIRD, «Tadhg mac Céin and the badgers», in: *Ériu* 31 (1980) 150–155.

MACAULAY 1992: DONALD MACAULAY (Hrsg.), *The Celtic Languages*, Cambridge 1992.

MAC CANA 1993: PROINSIAS MAC CANA, «Ir. *Buaball*, W. *Bual* ‹Drinking Horn› », in: *Ériu* 44 (1993) 81–93.

McCone 1987: Kim McCone, «Hund, Wolf und Krieger bei den Indogermanen», in: W. Meid (Hrsg.), *Studien zum indogermanischen Wortschatz*, Innsbruck 1987, 101–154.

McCone 1998: Kim McCone, «‹King› and ‹Queen› in Celtic and Indo-European», in: *Ériu* 49 (1998) 1–12.

Mac Mathúna 1997: Liam Mac Mathúna, «Observations on Irish *lann* ‹(piece of) land; (church) building› and compounds», in: *Ériu* 48 (1997) 153–160.

Maier 1987: Bernhard Maier, «Latin *sacer* ‹sacred› and Welsh *hagr* ‹ugly›», in: *Celtica* 19 (1987) 96 f.

Maier 1994: Bernhard Maier, *Lexikon der keltischen Religion und Kultur*, Stuttgart 1994.

Maier 1996: Bernhard Maier, «Is Lug to be identified with Mercury (Bell. Gall. VI 17,1)? New suggestions on an old problem», in: *Ériu* 47 (1996) 127–135.

Maier 1997: Bernhard Maier, «Zu den keltischen Namen von Carlisle und Colchester», in: *Beiträge zur Namenforschung. Neue Folge* 32 (1997) 281–285.

Maier 1999a: Bernhard Maier, *Das Sagenbuch der walisischen Kelten. Die Vier Zweige des Mabinogi*, München 1999.

Maier 1999b: Bernhard Maier, «*art* .i. *día*», in: Stefan Zimmer u. a. (Hrsg.), *Akten des Zweiten deutschen Keltologen-Symposiums*, Tübingen 1999, 121–125.

Maier 1999c: Bernhard Maier, «*Sugere mammellas*: A Pagan Irish Custom and its Affinities», in: R. Black u. a. (Hrsg.), *Celtic Connections. Proceedings of the 10th International Congress of Celtic Studies*, East Linton 1999, 152–161.

Maier 1999d: Bernhard Maier, «Beasts from the Deep: The Water-Bull in Celtic, Germanic and Balto-Slavonic Traditions», in: *Zeitschrift für celtische Philologie* 51 (1999) 4–16.

Maier 2000: Bernhard Maier, *Die Kelten. Ihre Geschichte von den Anfängen bis zur Gegenwart*, München 2000.

Maier 2001: Bernhard Maier, *Die Religion der Kelten. Götter – Mythen – Weltbild*, München 2001.

Maier 2002: Bernhard Maier, «Die Götter der Kelten im Spiegel der ältesten irischen Sprachzeugnisse», in: Charles Marie Ternes und Hartmut Zinser (Hrsg.), *Dieux des Celtes*, Luxembourg 2002, 67–79.

Meid 1991: Wolfgang Meid, *Aspekte der germanischen und keltischen Religion im Zeugnis der Sprache*, Innsbruck 1991.

MEID 1992: WOLFGANG MEID, *Gaulish Inscriptions. Their interpretation in the light of archaeological evidence and their value as a source of linguistic and sociological information*, Budapest 1992.

MEID 1996: WOLFGANG MEID, *Heilpflanzen und Heilsprüche. Zeugnisse gallischer Sprache bei Marcellus von Bordeaux*, Innsbruck 1996.

MEID 1998-1999: WOLFGANG MEID, «Altkeltische Sprachen», in: *Kratylos* 43 (1998) 1-37 und 44 (1999) 1-19.

PARSONS u. SIMS-WILLIAMS 2000: DAVID N. PARSONS und PATRICK SIMS-WILLIAMS (Hrsg.), *Ptolemy. Towards a linguistic atlas of the earliest Celtic place-names of Europe*, Aberystwyth 2000.

PRICE 2000: GLANVILLE PRICE (Hrsg.), *Languages in Britain and Ireland*, Oxford 2000.

RIVET u. SMITH 1979: A. L. F. RIVET und COLIN SMITH, *The Place-Names of Roman Britain*, London 1979.

SCHMIDT 1957: KARL HORST SCHMIDT, «Die Komposition in gallischen Personennamen», in: *Zeitschrift für celtische Philologie* 26 (1957) 33-301.

SCHMIDT 1967: KARL HORST SCHMIDT, «Keltisches Wortgut im Lateinischen», in: *Glotta* 44 (1967) 151-174.

SCHMIDT 1983 a: KARL HORST SCHMIDT, «Handwerk und Handwerker in altkeltischen Sprachdenkmälern», in: *Das Handwerk in vor- und frühgeschichtlicher Zeit II*, Göttingen 1983, 751-763.

SCHMIDT 1983 b: KARL HORST SCHMIDT, «Keltisch-lateinische Sprachkontakte im römischen Gallien der Kaiserzeit», in: H. Temporini und W. Haase (Hrsg.), *Aufstieg und Niedergang der römischen Welt*, Bd. 29.2, Berlin 1983, 988-1018.

SCHMIDT 1986: KARL HORST SCHMIDT, «Keltisch-germanische Isoglossen und ihre sprachgeschichtlichen Implikationen», in: Heinrich Beck (Hrsg.), *Germanenprobleme in heutiger Sicht*, Berlin 1986, 231-247.

SCHMIDT 1994: KARL HORST SCHMIDT, «Galatische Sprachreste», in: E. Schwertheim (Hrsg.), *Forschungen in Galatien*, Bonn 1994, 15-28.

SCHMIDT 1995: KARL HORST SCHMIDT, «Keltische Namen», in: E. Eichler u. a. (Hrsg.), *Namenforschung. Ein internationales Handbuch zur Onomastik*, Berlin 1995, 762-774.

SCHMIDT 1999: KARL HORST SCHMIDT, «Haustiernamen und Sprachwandel im älteren Irischen», in: E. Poppe u. a. (Hrsg.), *Übersetzung, Adaptation und Akkulturation im insularen Mittelalter*, Münster 1999, 37-45.

SCHMIDT 2001: KARL HORST SCHMIDT, «Remnants of the Galatian Language», in: Ailbhe ó Corráin (Hrsg.), *Proceedings of the Fifth Symposium of Societas Celtologica Nordica*, Uppsala 2001, 13–28.

SCHMITT 1997: CHRISTIAN SCHMITT, «Keltisches im heutigen Französisch», in: *Zeitschrift für celtische Philologie* 49–50 (1997) 814–827.

SCHRIJVER 1995: PETER SCHRIJVER, *Studies in British Celtic Historical Phonology*, Amsterdam 1995.

SCHRIJVER 1999: PETER SCHRIJVER, «On Henbane and Early European Narcotics», in: *Zeitschrift für celtische Philologie* 51 (1999) 17–45.

SIMS-WILLIAMS 1990: PATRICK SIMS-WILLIAMS, «Some Celtic Otherworld Terms», in: A. T. E. Matonis und F. Melia (Hrsg.), *Celtic Language, Celtic Culture: A Festschrift for Eric P. Hamp*, Van Nuys/Calif. 1990, 57–81.

SIMS-WILLIAMS 2002: PATRICK SIMS-WILLIAMS, *The Celtic Inscriptions of Britain. Phonology and Chronology*, c. 400–1200, London 2002.

UNTERMANN 1989: JÜRGEN UNTERMANN, «*arganto-* ‹Silber› im Keltiberischen», in: *Festschrift für Wolfgang Meid*, Graz 1989, 431–450.

UNTERMANN 1997: JÜRGEN UNTERMANN (Hrsg.), *Monumenta Linguarum Hispanicarum. Band IV: Die tartessischen, keltiberischen und lusitanischen Inschriften*, Wiesbaden 1997.

VILLAR 1997: FRANCISCO VILLAR, «The Celtiberian language», in: *Zeitschrift für celtische Philologie* 49/50 (1997) 898–949.

WODTKO 2000: DAGMAR S. WODTKO, *Wörterbuch der keltiberischen Inschriften*, Wiesbaden 2000.

WOLF 1997: H. J. WOLF, «Die gallische Eiche», in: *Zeitschrift für celtische Philologie* 49–50 (1997) 1013–1032.

ZIMMER 2000: STEFAN ZIMMER, *Studies in Welsh Word-Formation*, Dublin 2000.

Register

I. Keltische Wörter

*aballā → Apfel
abhainn, *abonā → Avon
áed → Feuer
afall → Apfel
afon → Avon
*agran(i)o- → Ackerbau
*aidu- → Feuer
air → vor
airchinn → Ackerbau
airgead → Silber
áirne → Ackerbau
alaudā → Haubenlerche
*albio- → Welt
allfro, allmuir, *allo-
 → andere(r, -s)
amaeth, *ambaktos → Gefolgsmann
*ambi- → um ... herum
aon → ein(s)
aradr, arathar, *aratron → Pflug
ard, ardd → Ardennen
ar, *are → vor
*arganto-, arian → Silber
art, arth, *arto- → Bär
áth → Furt
athair, *atīr → Vater

*bāgo- → Buche
ban → Berg
banadl, *banatlo- → Ginster
*bannā → Berg
bard, bardd → Barde
barr, *barro- → Kopf
bas → Hand
bascauda → Korb
bean → Frau
*bebros → Biber
bedw(en), beith → Birke
belenuntia → Bilsenkraut
*benā → Frau
benn, *bennā → Berg
benyw → Frau
ber → Barett
berbaid, berwi → Bourbon
*betu- → Birke
*bibros → Biber
bile, *bilio- → Baum
*bitu- → Welt
bláth, *blāto-, blawd → Blume
bó → Rind
bol, bolg, *bolgā → Sack
bos, *bostā → Hand
*boudi- → Sieg
*bous → Rind
*brākā → Hose
bran, *brano- → Rabe
bráthair, *brātīr, brawd
 → Bruder
bre, brí, *brig- → Festung
*brīwā → Brücke

bro →Land
broc, broch →Dachs
bróg →Hose
*brogi- →Land
broinne, bron →Brust
*brokko- →Dachs
brugh →Land
*brusnā, *brusnjo-, bryn
  →Brust
bu →Rind
búaid, budd →Sieg
*budīnā, buíon, byddin →Heer
byr →Barett

cad →Schlacht
*kaito- →Wald
calad, caled, *kaleto- →hart
*kaliākos →Hahn
cam, *kambo- →krumm
*kamulo- →Krieger
cant, *kanto- →hundert, →Kante
*karant(o)- →Freund
*karbanto-, carpat →Wagen
*karros →Wagen
carw, *karwo- →Hirsch
*kassano-, *kassino- →Eiche
cath, *katu- →Schlacht
ceann →Kopf
ceiliog →Hahn
*kervēsiā, *kervīsiā →Bier
cét →erste(r, s), →hundert
chwaer →Schwester
ci →Hund
cig, cíoch →Brust
cing, *kingets →Krieger
*kintu- →erste(r, s)
*kladijo-, claidheamh →Schwert
cland, clann →Familie
cleddyf →Schwert

clíath, clwyd →Hürde
coed →Wald
coes →Fuß
coileach →Hahn
coire →Kessel
*kokso- →Fuß
*kondati- →Zusammenfluß
cordd, *korjo-, →Heer
cos →Fuß
*kotto-, coz →alt
crann →Baum
cú, *kū, *kuno- →Hund
cúig →fünf
cuire →Heer
cuirm →Bier
*kumbo- →Tal
*kurmi-, cwrw →Bier
*kʷario- →Kessel
*kʷenkʷe →fünf
*kʷenno- →Kopf
cwm →Tal
cyntaf →erste(r, s)

da, dag, *dago- →gut
dair →Eiche
dam, damo- →Rind
dâr →Eiche
dearbh →Eiche
derc, *derko- →Auge
*derwo- →Eiche
derwydd →Druide
*dēwo- →Gott
día →Gott
dinas →Festung
dobur →Wasser
domhan →Devon
dorn →Faust
*dru- →Eiche
druí, *druwids →Druide

du, dubh → schwarz
*dubno- → Welt
*dubro- → Wasser
*dubu- → schwarz
duine → Mensch
*dumno- → Devon
dún, *dūno- → Festung
*durno- → Faust
*duro- → Festung
duw → Gott
duxtir → Tochter
dwfn → Devon
dwfr → Wasser
dwrn → Faust
dyn → Mensch

*eburo- → Eibe
ech → Pferd
echrad → Gespann
efwr → Eibe
eirinen → Ackerbau
*eksops → Auge
*ekwo- → Pferd
elfydd → Albion
*elu- → Helvetier
éo → Eibe
*epo- → Pferd
*eporēdo- → Gespann
*ētu- → Helvetier

fáibhile → Buche
fear → Mann
fearn → Erle
fén → Wagen
ffawydden → Buche
fichid → Kämpfen
fid, fidba → Baum
fionn → weiß
for → über

foss → Gefolgsmann
fraoch → Heidekraut

*gabro- → Ziege
gae, *gaiso- → Speer
gal, *galā → Galater
*gdonio- → Mensch
*geistlo- → Geisel
genau, *genu- → Mund
gíall → Geisel
gin → Mund
gordd → Hammer
gorwydd → Pferd
grug → Heidekraut
gwayw → Speer
gwas → Gefolgsmann
gwddif → Baum
gwern → Erle
gwlan → Wolle
gwr → Mann
gwydd → Baum
gwyn → weiß
gwynfa → Ebene
gwystl → Geisel

haearn → Eisen
hagr → heilig
helyg → Weide
hen → alt
hwch → Schwein
hynt → Weg

ial, ialo- → Lichtung
iarann → Eisen
íath → Helvetier
ibar → Eibe
il → Helvetier
*īsarno- → Eisen
*iwo- → Eibe

- 133 -

*k- s. unter c

lámh → Hand
**landā, lann* → Land
**lāno-* → Ebene
leathan → weit
leathar → Leder
**lemo-* → Ulme
lenn → Mantel
**lēto-* → grau
**letro-* → Leder
liath → grau
lind, **lindo-* → See
**litano-* → weit
llan → Land
llaw → Hand
lledr → Leder
llen → Mantel
llong → Schiff
llu → Heer
llwyd → grau
llydan → weit
llygad → Auge
llyn → See
**loko-* → See
long, *longā → Schiff
lúaide → Blei
**lugu-* → Krieger

mab, mac, **mak^wk^wo-* → Sohn
mad → Bär, → gut
magh → Ebene
**maglo-* → Fürst
**mago-* → Ebene
**magu-* → Sklave
*maith → Bär, → gut
**mandu-* → Pferd
marc, march, **marko-* → Pferd
**māro-* → groß

máthair, *mātīr → Mutter
**matu-* → Bär
mawr → groß
medd → Met
**medio-* → Mitte
**medu-* → Met
mêl, **melinos, melyn* → gelb
mid → Met
mide → Mitte
mil → gelb
molt, mollt → Schaf
mór → groß
môr, **mori-* → Meer, → See
mug → Sklave
muir → Meer

**namanto-, namhaid* → Feind
**nanto-,* **nantu-* → Tal
nemed, nemeton → Heiligtum
nert, nerth, **nerto-* → Kraft
newydd → neu
**nitio-* → eigen
**nowio-, nua* → neu

**obno-* → Furcht
oeth → Eid
ofn → Furcht
oí → Schaf
**oino-* → ein(s)
**oito-* → Eid
olann → Wolle
oll, **ollo-* → groß
**omno-* → Furcht
*ops → Auge
**orbio-* → Erbe
orc, **orko-* → Schwein
ord, **ordo-* → Hammer
**owi-* → Schaf

- 134 -

pair, *pario- → Kessel
pedwar → vier
pempedula → fünf
pen, *penno- → Kopf
*petru- → vier
pinpetos → fünf
*plant → Familie
pren, *prenno- → Baum
pump → fünf

qu- s. unter *k^w-*

raithneach, ratis → Farn
*rāti- → Festung
rhedyn → Farn
rhi, rhiain → König
rhin → Geheimnis
rhudd → rot
rhych → Furche
rhyd → Furt
rhydd → frei
rí → König
ríge, *rīgjon → Reich
*rīgs → König
*rijo- → frei
*rikā → Furche
*ritu- → Furt
rua → rot
rún, *rūno- → Geheimnis

saileach → Weide
*sakro- → heilig
*saliko- → Weide
sean → alt
seg, *sego- → Sieg
*seno- → alt
*sento-, sét → Weg
siúr → Schwester
*slougo-, slóg → Heer

soc → Schwein
súil → Auge
*sukko- → Schwein

taradr, tarathar → Bohrer
taran, Taranis → Donner
*taratro- → Bohrer
tarbh, tarw, *tarwo- → Stier
*tazgo- → Dachs
teach → Haus
teaghlach → Familie
*tegos → Haus
*tego-slougos, teulu → Familie
*teutā → Volk
torann → Donner
*traget- → Fuß
treb, tref → Arras
tri, trí, trigaranus → drei
troed, troigh → Fuß
tud, túath → Volk
tŷ → Haus

uamhan → Furcht
úll → Apfel
un → ein(s)

v- s. unter *w-*

*walo- → stark
*wassos → Gefolgsmann
*weniā, *wenikoi → Familie
*wer → über
werno- → Erle
*wertragos → Hund
*windo- → weiß
*wiro- → Mann
*wlanā → Wolle
*worēdos → Pferd
*wroiko- → Heidekraut

ywen → Eibe

2. Lateinische und romanische Wörter keltischen Ursprungs

agreno → Ackerbau
alausa → Alse
allodola → Haubenlerche
almosta → Hand
alondra → Haubenlerche
alosa, -e → Alse
alouette → Haubenlerche
ambaisada, ambasciata,
  ambassade → Amt
ambosta → Hand
aranyo → Ackerbau
arepennis, arpent → Ackerbau

balai, balain, balan → Ginster
ban, banya → Berg
bau → Stall
befre → Biber
beleño → Bilsenkraut
betula → Birke
bevero, bièvre → Biber
bille → Baum
birrētum, birrus → Barett
bodina, borne → Heer
bot → Stall
bouge, bougette → Budget, → Sack
bouleau → Birke
braca, braga, braye → Hose
broigne, bronha → Brünne
bruga, bruyère → Heidekraut
bulga → Sack

cagoule → Mantel
cant, cantus → Kante
carpentum → Wagen
carruca → Pflug
carrus → Wagen
cerveza, cervoise → Bier

char → Wagen
charrue → Pflug
chêne → Eiche
cisium → Wagen
claie → Hürde
coma, comba, combe → Tal
covinnus → Wagen
cucullus → Mantel

dor, dorn → Faust

epiraedium → Gespann
essedum → Wagen

gladius → Schwert

if → Eibe

lance, lancea, lancia → Lanze
lande → Land
linna → Mantel

mannus → Pferd
mouton → Schaf

paiolo, pairol → Kessel
palafreno, paraveredus → Pferd
petorritum → vier, → Wagen

raie → Furche
reda → Wagen

sagum, saie, saya → Mantel
soc → Schwein

taladro, taratrum, tarière
  → Bohrer

urus → Auerochse

valet, vasallus → Gefolgsmann
vandoise → weiß
vautre → Hund

velenho → Bilsenkraut
veltre → Hund
verēdus → Pferd
vern, vergne → Erle
vidubium, vouge → Baum

3. Sonstige Wörter keltischen Ursprungs

**ambahtja, ampaht,
andbahts* → Amt

brock → Dachs
brogue → Hose
brunia, *brunjō, brunna
 → Brünne

car → Wagen
clan → Familie

flannel, Flanell → Wolle

galloglasses → Gallier
Gladiole → Schwert

hartz → Bär

iratze → Farn

Kanton → Kante

mando → Pferd

palfrey → Pferd

ūr(r) → Auerochse

4. Antike Ortsnamen keltischen Ursprugs

Agedincum → Sens
Andematunnum → Langres
Anderitum → Furt
Arar → Saône
Arduinna → Ardennen
Arelate → Arles
Aremorica → Meer
Argantomagus → Ebene, → Silber
Argentorate → Festung, → Silber
Artobriga → Bär, → Festung
Augustobona → Troyes
Augustobriga → Festung
Augustodunum → Autun
Augustodurum → Bayeux
Augustomagus → Ebene

Augustonemetum → Heiligtum
Augustoritum → Limoges
Autessiodurum → Auxerre
Autricum → Chartres
Avaricum → Bourges

Bagacum → Bavay
Bibracte, Bibrax → Biber
Blatobulgium → Sack
Blatomagus → Blume,
 → Ebene
Boiodurum, Boiohaemum
 → Böhmen
Bonna → Bonn
Bononia → Bologna

Borbetomagus → Worms
Boudobriga → Boppard
Branodunum → Festung, → Rabe
Branogenium → Rabe
Brigantia → Bragança
Brigantium → Bregenz
Briva, Brivodurum → Brücke
Brocavum, Brocomagus → Dachs
Broniacus → Brust

Caesarobriga → Festung
Caesarodunum → Tours
Caesaromagus → Beauvais
Cambodunum → Kempten
Camulodunum → Festung,
  → Krieger
Carbantia → Wagen
Carbantorate → Festung,
  → Wagen
Carbantoritum → Furt, → Wagen
Cassinomagus → Ebene, → Eiche
Caturigomagus → Chorges
Cetobriga → Festung, → Wald
Cicucium → Brust
Claudiomagus → Ebene
Condate → Zusammenfluß
Condatomagus → Ebene,
  → Zusammenfluß
Condercum → Auge
Condevincum → Nantes
Coriovallum → Heerlen

Darioritum → Vannes
*Darvetum, Derventio,
Derventum* → Eiche
Deobrig(ul)a → Festung, → Gott
Deva → Dee
Devona → Cahors, → Dewangen
Diolindum → Lalinde

Divodurum → Festung, → Gott
Dubra → Tauber
Dubris → Dover
Durnomagus → Dormagen
Durobrivae → Brücke, → Festung
Durocortorum → Reims
Durovernum → Erle, → Festung

Eburacum → York
Eburobriga → Avrolles
Eburodunum → Yverdon
Eburomagus → Bram
Epomanduodurum → Mandeure
Eporedia → Gespann

Flaviobriga → Festung

Gabrēta → Ziege
Gabromagus → Ebene, → Ziege
Gabrosentum → Weg, → Ziege
Genava → Genf
Gēsodounon → Festung, → Speer
Gesoriacum → Speer

Hercynia silva → Eiche

Iatinum → Meaux
Icorigium → Reich
Isarnodurum → Eisen, → Festung
Iuliobona → Lillebonne
Iuliomagus → Angers
Ivetum → Eibe

Karrodounon → Festung,
  → Wagen
Letocetum → grau, → Wald
Limonum → Poitiers
Lindiacum → See
Lindum → Lincoln

Litanobriga →Festung, →weit
Litanomagus →Ebene, →weit
Lokoriton →Lohr
Longobriga →Festung, →Schiff
Longovicium →Schiff
Lug(u)dunum →Lyon
Luguvallum →Carlisle
Lutetia →Paris

Mamucium →Brust
Manduessedum →Mancetter
Maporitum →Furt, →Sohn
Marcodurum →Düren
Marcomagus →Marmagen
Matrona →Marne
Mediolanium →Évreux
Mediolanum →Mailand
Medionemetum →Heiligtum, →Mitte
Meduana →Met
Moridunum →Carmarthen

Nantavia, Nantum →Tal
Nemetacum →Arras
Nemetobriga →Festung, →Heiligtum
Nertobriga →Kraft, →Festung
Noiodounon →Jublains

Noviodunum →Nyon
Noviomagus →Neumagen

Pennelocus →Kopf, →See
Pennocrucium →Kopf

Ratiaton →Farn
Rigodounon →Festung, →König
Rigodurum →Festung, →König

Rigomagus →Remagen

Samara →Somme
Samarobriva →Amiens
Sauconna →Saône
Segobodium →Seveux
Segodunum →Rodez, →Suin
Segontia, Segontium →Sieg
Sentinum →Weg
Sequana →Seine

Tarodunum, Tarvanna, Tarvisium, Tarvessedum →Stier

Vernodubrum →Erle, →Wasser
Vesunna →Périgueux
Vindobona →Wien
Virodunum →Festung, →Mann

5. Moderne Ortsnamen keltischen Ursprungs

Andover →Dover
Ardon →Ardin
Argentan →Argenton
Arlet →Arles
Artois →Arras
Artonne →Bär
Artun →Bär

Arzon →Ardin
Authon →Autun

Bañobre →Berg
Bar →Kopf
Belloy →Birke
Berdún →Mann

Berry → Bourges
Bezouce → Heer
Bièvre → Biber
Bléré → Fuß
Blond → Blume
Boulay(e), Boullay → Birke
Boulogne → Bologna
Brancaster → Rabe
Brevenne → Biber
Brèves, Briare, Brie,
   Brive(s) → Brücke
Brougham → Dachs
Broye → Festung
Bruch, Bruges, Brugère
   → Heidekraut
Brugny → Brust
Bruguière, Bruyère
   → Heidekraut
Brumath → Dachs

Candes → Zusammenfluß
Casseuil → Casseneuil
Chalenton → hart
Chambourg → Chambord
Chanteau, Chanteuges
   → hundert
Chantoin → Berg
Chanturgue → hundert
Chassenon → Eiche
Chasseuil → Casseneuil
Châteaudun → Festung
Cherbourg → Heerlen
Clion → Ebene
Combe(s), Comps → Tal
Condé, Cosne → Zusammenfluß

Darent, Dart → Eiche
Darvoy → Eiche
Derwent → Eiche

Divonne → Dewangen
Doubs → schwarz
Dourbie → Wasser
Douvres → Dover
Dreux → Haar
Drevant → Eiche
Dun → Festung

Ébreuil → Avreuil
Embrun → Yverdon

Ivoy → Eibe
Ivrea → Gespann
Izernore → Eisen

Karawanken → Hirsch
Konz → Zusammenfluß

Lalinde → See
Lanchester → Schiff
Lantages → Tal
Lichfield → grau
Limeuil, Lumeau → Limeil
Lindern → See
Lintgen → See

Mâlain → Mailand
Manchester → Brust
Mareil, Mareuil → Mareau
Mayenne → Met
Moléans → Rind
Morat, Murten → See

Namps, Nan, Nanteau,
   Nanteuil, Nantheuil,
   Nanton → Tal
Nijmegen, Nimwegen,
   Noyon → Neumagen

Orgueuil → Schwein
Ortenau → See
Ouvèze → Schaf

Pavant → Kopf
Penk, Penkridge → Kopf

Quercy → Cahors

Rézé → Farn
Riom → Remagen
Roiglise → rot

St-Pierre-de-Senos → alt
Sambre → Somme
Sauges, Saulges → Weide
Segonzac → Sieg
Sentíno → Weg
Sigüenza, Sonzay → Sieg

Thérouanne → Stier
Thun → Festung
Traisen → Dreisam
Trevigio → Stier

Vandœuvre → weiß
Vendeuil → Vandeuil
Vendeuvres, Vendœuvres
 → weiß
Venteuges, Venteuil
 → Vandeuil
Verdouble → Erle,
 → Wasser
Verdú, Verdun, Verduno
 → Mann
Vermandois → Pferd
Vernajoul, Verneil, Vernoil,
 Vernou → Verneuil
Vernoubre → Erle,
 → Wasser
Vieux → Haar

Wendover → Dover
Wirten → Mann

Yvoy → Eibe
Yzernay → Eisen

Zarten → Stier

Frühe Völker bei C. H. Beck – eine Auswahl

Jan Assmann
Tod und Jenseits im alten Ägypten
2001. XIV, 624 Seiten mit 66 Abbildungen. Leinen

Jan Assmann
Weisheit und Mysterium
Das Bild der Griechen von Ägypten
1999. 92 Seiten. Klappenbroschur

Volkert Haas
Babylonischer Liebesgarten
Erotik und Sexualität im Alten Orient
1999. 208 Seiten mit 10 Abbildungen und 1 Karte. Gebunden

Erik Hornung
Das esoterische Ägypten
Das geheime Wissen der Ägypter und sein Einfluß auf das Abendland
1999. 232 Seiten mit 31 Abbildungen. Gebunden

Bernhard Maier
Die Kelten
Ihre Geschichte von den Anfängen bis zur Gegenwart
2., überarbeitete Auflage. 2003. 320 Seiten mit 13 Abbildungen
und 6 Karten. Leinen
Beck's Historische Bibliothek
Frühe Völker
Herausgegeben von Herwig Wolfram

Bernhard Maier
Die Religion der Germanen
Götter – Mythen – Weltbild
2003. 206 Seiten mit 7 Abbildungen. Leinen

Bernhard Maier
Die Religion der Kelten
Götter – Mythen – Weltbild
2001. 252 Seiten mit 10 Abbildungen und 3 Karten. Leinen

Walter Pohl
Die Awaren
Ein Steppenvolk in Mitteleuropa 567–822 n. Chr.
2., aktualisierte Auflage. 2002. 553 Seiten mit 4 Karten. Broschiert
Beck's Historische Bibliothek
Frühe Völker
Herausgegeben von Herwig Wolfram

René van Royen/Sunnyva van der Vegt
Asterix auf großer Fahrt
Aus dem Niederländischen von Annette Löffelholz
unter Mitarbeit von Nicole Albrecht
Mit deutschen Bildtexten von Gudrun Penndorf
2001. 176 Seiten mit 192 Abbildungen. Broschiert

René van Royen/Sunnyva van der Vegt
Asterix – Die ganze Wahrheit
Aus dem Niederländischen von Nicole Albrecht
Übersetzung französischer Bildtexte ins Deutsche
von Gudrun Penndorf.
85. Tausend. 1998. 191 Seiten mit 160 Abbildungen. Broschiert

Wilhelm Störmer
Die Baiuwaren
Von der Völkerwanderung bis Tassilo III.
2002. 128 Seiten mit 5 Abbildungen
Beck'sche Reihe
C.H. Beck Wissen (Band 2181)

Herwig Wolfram
Die Goten
Von den Anfängen bis zur Mitte des sechsten Jahrhunderts.
Entwurf einer historischen Ethnographie
4. Auflage. 2001. 596 Seiten mit 9 Karten und 2 Stammtafeln
im Anhang. Leinen

Verlag C. H. Beck München